迫田《さこだ》穆成《よしあき》
元・広島商、現・如水館

田尻《たじり》賢誉《まさたか》
スポーツジャーナリスト

力がなければ頭を使え

広商野球74の法則

ベースボール・マガジン社

まえがき

野球が個人競技になっている——。

そう警鐘を鳴らすのが、如水館の迫田穆成監督だ。御年78歳。あるときは広島商の選手、監督として、あるときはコーチ、審判員、解説者として約60年間高校野球にたずさわり続けてきた。今も現場で指導を続ける高校野球の生き字引のような存在だ。その迫田監督が、高校野球の現状を憂いている。

「甲子園の上位常連の学校が、ほとんど個人技なんです。チームプレーどうこうじゃなしに、『自分が死んででもこいつを生かそう』という野球でなくなってる。ましてそれらの学校の選手は身体能力を持ってますよね。見ていてフォームが悪いなと思っても、ボールは来るし、バットは振れるし、足も速い。これらを抑えるにはどうしたらいいかと思っても、中途半端なピッチャーなら打たれるんです。昔の高校野球は木のバットですから、あまりヒットは出ないし、スクイズがすごく多くて点を取る一番の作戦として練習してました。だからスクイズされた場合も対応できるんですね。今はそういう野球ではなくて、ランナーを三塁に置いたら、スクイズで取りますか、それとも打ちますかといったら、8割以上が打ちになっとるんですね。そういう野球になったら、力のないところが勝とうと思ったらちょっと難しいですね。特に相手と同じような作戦をやりよったら」

スクイズの守備はできなくても打てればいい。1点は失っても、強打で倍返しできるからだ。弱者がやっと得点しても、強者が力でねじ伏せる。近年、番狂わせが少なくなったのは野球が変わってきたことと無関係ではない。力勝負が主流になり、かけひきが少なくなった。必然的に、頭を使ったり、工夫する場面も減った。

「力のない高校生なら、この選手は打つかもわからん、スクイズがあるかもわからんといって守るほうも二通り考えないけんのじゃけど、打つだけだから打たれたときの守りをすればいいだけ。野球が単調なかたちになっとるんです。試合の展開を見とっても、スクイズのサインの雰囲気もないまま。守るほうは楽じゃないかと思いますね。一つは金属バットということもあるかもわからんが、それ以上に小学校、中学校の小さいときから打つだけの野球になっとるのが大きい。だからバントなんか考えないですよというかたちになってる。高校生でも『技術はないけどスクイズだったらできんことはない』という考えがなくなって、プロと変わらんようなすごく単純な野球になってる。日本の高校野球の一番のよさが薄れてきとるような気がしてしょうがないですね」

かつては聞かなかった〝マン振り〟という言葉が出てきたように、現在は思い切り振れという野球が多い。決してそれは悪いことではないし、否定もしないが、全部マン振りをするのはいかがなものか。二死三塁ならシングルヒットで1点が入る。フルスイングをする必要はまったくない。だが、いつでも、どんな状況でも同じように振っている打者が多くなっている。打つ確率を下げてまでも……。

「私が『なんで2ストライク取られて同じようなスイングするんか』言うても、ただ打つだけしかやったことないんですね。振ればいいんだと。極端なことをいえば、『打てなかった場合はしょうがないじゃないですか』と言う。それは野球じゃないんです。野球いうのは、いろんなことを考えて、このときはバントするとか、右を狙っていくとか、いろいろ方法がある。それを『いやー、そんなことはあんまり教わってません』と言って、とにかく振ればいいとなってる。これは力を持ってるプロ野球選手がやる分にはしょうがないと思いますけど、高校生の野球としたら、もうちょっと違うやり方がある。考えてやってほしいですよね」

打者だけではない。投手も「思い切り投げて打たれたら悔いはない」と平気で口にする。ストレートを待っている打者にストレートを投げておいて、「一番自信のある球を投げたので、しょうがない」と言うのだ。野球は相手のあるスポーツ。自分のやりたいことをやるのではなく、相手の嫌がること、相手の予想していないことをやるのが野球なのだ。

「甲子園は高校生にとってあこがれの場所。そこでやっとるのに、『ホントに一生懸命やっとるんですか？』という感じを受けるような野球になってきとるんですよ。もうちょっと日本の高校野球の関係者の方が考えないけんと思います」

いくら高校生の体格がよくなり、パワーがついたとはいえ、力対力の勝負は高校野球に求められていない。あくまで、クラブ活動の一環だからだ。

「少々身体が小さくても参加できるし、力がなくてもできるよというのが日本の高校野球だと思うんです。ところが、だんだん変わってきて、極端にいえば身体のない人はダメですよとか、身体能力のない人はやめなさいとか、プロの世界と同じような感じになってる。強いチームでなかったらダメ、ホームランが出んようなチームはダメですよというような感じを受けてしょうがないんです。思い切って振って打てなかったら負けですということを堂々と平気で言うようになってるから、それはやっぱりもうちょっと考えるべきではないかと思います」

もちろん、迫田監督も打つ野球をすべて否定しているわけではない。一部の好素材がそろう学校につられ、そうではないチームまで同じ野球をするのはどうかと苦言を呈しているだけなのだ。

「昔、広商のとき、優勝できたけど言われたことあるんですよ。『広商は嫌いだ。ごちゃごちゃしてなんなんだ。ガンガン打てばいいじゃないか』と。ガンガン打てる選手がおったらそうしますよ。できんからバントしたんです。江川（卓、作新学院、元巨人）というのは、こちらがバントもできんピッチャーですからね。バントできんからスクイズを空振りしようという作戦を考えた。江川に限らず、いいピッチャーをどう攻略しようかいろいろ工夫したんです。今は工夫なくして、監督も失敗して点が入らんでも仕方ないという野球になっとる。これは見る人が見ても感動はあまりないと思うんです。高校生らしい野球というのをもうちょっとみんなでやらなきゃいけないという気がしてしょうがない。高校生はプロと違って技術も力もないから、いろんな工夫をしてなんとか強いチームに勝つ方法を考える。でも、今のやり方では無理ですね。勝つ方法はないというようなことをやっとるようなもんです」

能力頼みの野球になっている弊害はあらゆる面で見られるようになっている。

「ウチでキャプテンをした子に聞いたことがあるんです。『5打数4安打4ホームラン、試合は4対5で負け。5打数0安打4三振、2対1で勝ち。どっちがええんや？』と。そしたら、『僕なりには、4ホームランのほうがいい』と言うんですね。『試合負けるんぞ？　高校野球は負けたら明日はないんよ。4三振したけど、次は頑張りますいうほうがええんじゃないか？』と言っても、『いや、自分が打ったほうが……』と。『だからお前は使えんのじゃ』と言うたんですけど、今の子はチームが勝つのが一番ですいうのは少ないですね」

こういう考え方になると、当然、野球にも影響が出る。典型的だったのが２０１７年のU―18ワールドカップ・日本対アメリカ戦。こんなシーンがあった。日本が0対2とリードされて迎えた5回表のアメリカの攻撃。一死二塁で先発の川端健斗（秀岳館）は打者を三振に仕留めた。この球を捕手の中村奨成（広陵、現広島）が後逸。バックネット裏までボールを取りに行った中村は、一塁に送球して振り逃げを狙った打者走者をアウトにした。そのときだ。二塁走者が本塁に走ってきた。この場合、投手の川端がベースカバーに入らなければいけない。だが、それを怠っていた。ホームベースはがらあき。明らかなボーンヘッドだった。相手のスキを突き、少ない安打で得点する野球は日本の持ち味。それが、力勝負が持ち味のアメリカにスキを突かれてしまったのだ。日本がやりたい野球をアメリカにやられる。細かさが失われている現在の高校野球の実態が浮き彫りになったプレーだった。

17年のU―18日本代表は史上最多の高校通算１１１本塁打を放った早稲田実・清宮幸太郎（現北海道日本ハム）、甲子園で1大会最多の6本塁打をマークした広陵・中村、高校通算65本塁打の履正社・安田尚憲（現千葉ロッテ）と一発のあるドラフト1位トリオを並べ〝史上最強の打線〟といわれた。だが、ふたを開けてみれば清宮が32打数7安打の打率・２１９、中村が25打数3安打の打率・１２０。安田は34打数11安打の打率・３２４と健闘したが、期待されたアーチはゼロ。

3人で放った本塁打は清宮の2本だけとパワーは見せられずじまいに終わった。チームとしてもアメリカだけでなく、カナダ、韓国にも敗れて3位に終わり、力勝負では外国勢と戦うのは難しいことが証明された。日本代表のトップチームに目を向けても、06、09年に連覇した日本は13年、17年と準決勝敗退。連覇した2大会はスモールベースボールを掲げ、バントや好走塁などで得点を挙げたが、敗れた2大会では走塁ミスや看板の強打線がふるわなかったことが敗因となっている。日本がパワーのある外国勢に対抗するには、同じような野球を目指していては勝てないのだ。もう一度、スモールベースボールに目を向ける時期に来ている。

高校野球が大味になってきたことは、未来の日本代表にも悪い影響をもたらすことは大いに考えられる。18年は夏の全国高校野球選手権が100回の記念大会を迎える節目の年。だからこそ、声を大にしていいたい。「野球本来のおもしろさを忘れていませんか?」と。豪快なホームランや150キロの速球が野球の華であることは間違いない。だが、それらを求めるあまり、大事なものを失ってほしくはない。思い切り振って打ったから勝てた、打てなかったから負けた。思い切り投げて抑えたから勝った、抑えられなかったから負けた。これでは本当の野球の魅力は伝わらない。観客が息をのむのはやはり息詰まる熱戦。息詰まる熱戦とは、すなわちかけひきのある試合だ。迫田監督はこう言う。

「強いチームに少差で勝ちたい」

なぜ、あえて少差なのか。もちろん、それには理由がある。

「少差になれば、技術的なことではなく相手との精神的な戦いになりますよね。それが高校野球にとって一番大事じゃないかと思うんです。技術的なものをひっくり返そういうたら、そう簡単にはいかんですよ。だけど、きちっと守って、ええ具合に接戦になれば、相手が必要以上に考えて攻めが雑になったり、技術が出せんようになる」

強者に余裕を持って戦われたら、弱者はなすすべがない。だが、思い通りの展開にさせず、焦りを生み出すことができれば、普段の力を発揮させないことにつながる。メンタル勝負に持ち込むからこそ、強者にもミスが生まれるのだ。体格こそ立派になったが、精神面は未熟なのが高校生。そこがつけ入るスキになる。

力がなくても、どう戦うのか。どう工夫するのか。スモールベースボールを知り尽くす迫田監督だからこそ語れることがある。100回の記念大会を迎える年だからこそ、世に問いたい。大事なことを忘れてはいませんか——と。次の100年に向けて、本書が高校野球を見直すきっかけになることを祈っています。

田尻賢誉

目次

まえがき……2

第1章
束になって攻める……19

法則1　怪物対策　スクイズを空振りする……20
法則2　怪物対策　外角低めを狙ってファウルを打つ……25
法則3　怪物対策　ホームベース寄りに立って球数を投げさせる……27
法則4　怪物対策　全員が徹底事項を守って束になる……29
法則5　右打者が左打席に立って、選球眼を磨く……32
法則6　バントをしないとバント守備も下手になる……35
法則7　2ストライクからスクイズを決める……36
法則8　普段から自分たちで考え、判断する練習をする……40
法則9　経験の数で成功率は変わる……42

法則10 待球戦法で相手を嫌がらせる……47
法則11 バットを長く持つばかりでなく、短く持つ……53

第2章 工夫して守る……57

法則12 野手がスタートを切っているか控え選手がチェックする……58
法則13 試合中、10で守るか8で守るか守備に強弱をつける……61
法則14 制球が不安定な投手は、野手と心を合わせる……64
法則15 ノックは難しい位置に打つ……65
法則16 重視するのは二死三塁の内野守備……68
法則17 試合につながる練習にする……70
法則18 守備のうまい選手のグラブを使うとエラーが減る……72
法則19 右投げ左打ちは、プロでもスローイングが悪くなりやすい……74
法則20 ノックの送球でバッティングフォームができてくる……76

法則21 ラインを引いて行うキャッチボールでスローイングがよくなる……77
法則22 練習の工夫で低めの送球の捕球ミスをなくす……79
法則23 練習は意味や意図を理解してくり返す……81
法則24 練習メニューを自分で考えてクリアする……83

第3章 人間をつくる、心を磨く……87

法則25 極端な経験が自信をくれる……88
法則26 腹式呼吸で精神集中する……91
法則27 相手にプレッシャーを与えて負けパターンに追い込む……93
法則28 甲子園の優勝戦でサヨナラエラーをしても許してもらえる選手になる……94
法則29 上手になろうと思ったら野球の夢を見る……97
法則30 勝っても、はしゃがない……99
法則31 感謝を行動で表す……101

法則32 初めての体験をさせる……103
法則33 ツキがあると思う人にツキが来る……105

第4章 考える力を養う……109

法則34 あえて初回の先頭打者にフォアボールを出させる……110
法則35 投手に盗塁を試みさせる……112
法則36 相手のサインを見破らせる……113
法則37 別のポジションを経験させる……116
法則38 9回に回る打順まで考えさせる……117
法則39 ベースカバーをわざと遅らせる……119
法則40 触塁確認の習慣をつける……120
法則41 強いチームの立場を理解させる……122
法則42 なぜ交代させたかを考えさせる……123

法則43 場面と状況による投球を考えさせる……125

第5章
観察、分析して采配する……127

法則44 練習試合では自分の性格を変える……128
法則45 相手を読み、相手に読ませない……130
法則46 相手打者のスイングを見て実力を見極める……132
法則47 負けた相手を分析し、引き出しを増やす……134
法則48 性格を見て投手の起用法を考える……136
法則49 性格を見て打者の起用法を考える……138
法則50 寝た子を徹底的に寝かせたままにする……141
法則51 試合がこう着したときは動かない……144
法則52 流れが悪いときはノーサイン……145
法則53 気が弱い投手はピンチで一度、他のポジションにまわす……148

法則54 あえてアウトOKのサインを出す……150
法則55 いらないサインを出していることに気づく……152
法則56 選手を乗せる言葉を自然に口に出す……154
法則57 負けと向き合い、負けを活かす……155
法則58 1年生の疲れに対策を立てる……157

第6章 負けない戦いをする……161

法則59 守りの野球をするために後攻を取る……162
法則60 まずは相手の投手を含めた守備力を見る……165
法則61 不調のピッチャーを試合の途中で修正させる……169
法則62 先制されてもゆるくいく……171
法則63 もらったチャンスでは策を使わない……175
法則64 勝てる相手には6回までに決着をつける……179

第7章
一体感のあるチームをつくる……181

法則65 甲子園で通用する選手を1人つくる……182
法則66 チームづくりの核は4人……183
法則67 自分がプレーしていなくても勝って喜べる選手をレギュラーにする……185
法則68 「打つ」より「守る」を徹底する……186
法則69 負ける練習をして弱点に目を向ける……189
法則70 選手同士で悪い点を指摘し合えるチームにする……191
法則71 自分で考え工夫する自主練習の時間を多くとる……194
法則72 練習で10出して試合を7でする……198
法則73 練習試合は課題を持って行う……200
法則74 控え選手の過ごし方がチームのムードをつくる……202

迫田守昭の勝負哲学……205
監督も選手も頭を使うことを楽しむ……206
頭を鍛え、優越感を持つ状態をつくる……211
相手に流れを渡さない……213
監督はデータを読み取る眼を養う……220
一か所打撃で審判をして選手の特徴を見極める……224
やるべきことを「すべき集」にまとめる……228
すべき集——迫田野球の公式……229
○内野と外野がボールを追ったとき、OKであれば外野が捕る……229
○センターとレフトが打球を追ったときはセンターが捕る……229
○2ストライクから3球粘ったら合格……229
○初球凡退後の次打者は初球ウェーティング……229

○ランダウンプレーではボールを持った野手は右手に持って相手に見せる、偽投はしない、投げたら必ず投げた手の方向に回って当たらないようにする……229
○ピッチャーの球が高めに浮くときはキャッチャーはミットを反対にしてやる……229
○どうせボールなら変化球を放ればいい……230
○二塁ランナーが三塁ベースを踏んだときと、外野手が捕ったときが同じならアウトかセーフは五分五分……230
○普段のキャッチボールから各選手の球筋を確認しておく……232
素手で捕るゴロ捕球を徹底的に行う……233
投手は打者相手に投げて鍛える……236
常に何かできることがないかを考える……241
あとがき……246
迫田穆成 甲子園監督成績……254
迫田守昭 甲子園監督成績……255

デザイン／神田昇和
写真／ベースボール・マガジン社
校閲／永山智浩
カバー写真／73年夏の甲子園決勝。広島商が9回裏にスクイズでサヨナラ勝ち、日本一に

第1章
束になって攻める

法則1　怪物対策　スクイズを空振りする

怪物を相手に、個の力で挑んでも勝ち目はない。

怪物を相手に、正攻法で挑んでも勝ち目はない。

1973年春のセンバツ準決勝。作新学院の江川卓（元巨人）に挑んだのが迫田監督率いる広島商だった。前年夏の栃木県大会で3試合連続ノーヒットノーランを達成するなど怪物と評判だった江川は、前年秋の栃木県大会、関東大会を53イニング無失点。投球回数の倍近い94三振を記録した。甲子園でも初戦の北陽戦で19奪三振の完封、2回戦の小倉南戦は7回10奪三振無失点、準々決勝の今治西戦では20奪三振で完封と無失点記録を伸ばし、圧倒的な投球を披露していた。当時はまだ木製バットの時代。空前絶後のモンスターを相手に、どう戦うのか。実は、迫田監督は前年の夏休みから〝怪物対策〟を始めていた。

「その時代ですから、ビデオがないんですよ。話は聞いていても実際には見てないんです。見てないのに、『センバツに出て、江川と戦うんだ』と8月から江川対策をやりよるわけです」

迫田監督が江川のうわさを聞いたのは、プロのスカウトからだった。

「『関東にすごいピッチャーが出たぞ。今、プロに入っても15勝はできるだろう』と言われたんですが、ピンと来んのです。当時、プロ1年目だった鈴木孝政（元中日）投手と比較してどうですかと聞いたら、『それはモノが違う。もう一つ上だ』と。鈴木のことは対戦した監督さんに聞いたことがあったんですが、バントができないほど速いボールを投げたと言うんです。それより上なのかと。それは高校生が試合をして勝とうなんて気が起こらんじゃないですか。じゃあ、勝つ気を起こすにはどうするかといったら、いろんなことを考えて練習する以外ないですよね」

まだ見ぬ怪物に対して迫田監督が考えたのは、とんでもない作戦だった。

「打つことはできないというよりも、バントもできないというのが最初です。ランナーを三塁に置いても、スクイズで取れない。だったらスクイズを空振りしよう。空振りはできるじゃないかと（笑）。ただ、それには条件があります。無死または一死で、ランナーが三塁に1人じゃなくて二塁にもいること。二、三塁でスクイズを空振りして、前のランナーがアウトになっているときに次のランナーが本塁を取りましょうと」

僅差の場合、二、三塁なら相手は前進守備を敷く。そのため、二塁走者は大きくリードができる。打者がスクイズを空振りした際、三塁走者はあまり飛び出さないで、二塁走者を三塁走者の手前まで来させておく。捕手からの送球が三塁手に渡ったら、三塁走者がホームに走り、二塁走者も全力で三塁走者を追いかける。三塁走者はホームベースのマウンド側のほうにスライディングをする。捕手がタッチに行く間に、三塁走者のすぐ後ろを走ってきた二塁走者が本塁のバックネット側に向かって突っ込む。前の走者がおとりになって、後ろの走者が得点するという奇襲戦法だ。これを8月の初めから毎日、1時間練習した。8月といえば、秋の県大会も始まっていない時期。江川と対戦するどころか、センバツに出場できるかどうかもわからないのに、この練習をくり返していたのだ。

「江川はすごいですけど、キャッチャーは高校生なんです。キャッチャーは空振りしてくれたら喜ぶんですよ。喜んでパッと三塁ランナーを見たら、あまり出てないから急いで投げる。三塁ランナーはいかにも走らんようにしておいて、二塁ランナーを近づけないといけない。この間隔を保つのが大事なんです。それには二塁ランナーがいかにうまくやるか。三塁手の後ろをひそかに、わからんように走って、ホームに投げた途端にうまく走る。三塁ランナーはホームに走って、ホームベースの5メートル前で中側にスライディングする。キャッチャーは絶対そこへタッチにいきますから、その間に二塁ランナーが来る。やる意味を納得しない、意図を理解しないヤツはできません。幸い、当時の選手はよくわかってくれて、楽しんで練習してくれましたね。『自分らは弱いんじゃから、強いチームに勝つにはこういうことをせないけんのじゃ』と理解してくれたので徹底できました」

今のように情報がない時代。まして、この時点の江川は甲子園にも出ておらず、テレビで見ることもできない。うわさから想像することしかできない状態だった。にもかかわらず、非常識な作戦を来る日も来る日も練習する。選手たちの純粋さがうかがい知れる。現代の高校生なら、「こんなことやって意味あるんですか？」と言って途中で投げ出すだろう。

この練習をやり続けて約2カ月たった秋の広島県大会決勝・広島工戦。やりたくてうずうずしていた選手たちが、1対0とリードした8回裏一死二、三塁の場面で動いた。スクイズを空振りし、三塁走者がアウトになる。すぐ後ろから二塁走者が来てホームイン――。見事に決めてみせたのだ。だが、これに慌てたのが迫田監督だった。

「驚きました。選手たちが勝手にやったんですよ。『バカ、何やっとんだ。これは甲子園のための作戦であって、こんなところでする作戦じゃない。記事にでもされたら困るだろう』と怒りました」

間違いなく成功したのだが、こんな作戦はだれも見たことがない。審判は2人目の走者を見落としていた。次のプレーが始まる前、「2人いたはずのランナーがなぜいないんだ？」と審判団が集まって協議。その結果「二塁ランナーは三塁ランナーを追い越したためにアウト」という判定になった。1点は幻になったが、迫田監督はベンチでホッとしていた。

「気づかれないでよかったというのと同時に、甲子園で追い越しだと判定されたら困るなぁとも思いましたね」

アウトになったことで話題にもならず、この作戦はばれないまま。広島商ナインは、打倒・江川を胸に意気揚々と甲子園に乗り込んだ。

だが、実際の怪物は想像以上だった。開会式直後の第一試合・北陽戦に登場した江川をスタンドで観戦した広島商の選手たちは、言葉を失った。

「江川がブルペンで1球投げたときから全員声がないんですよ。『すごい』とか『うぉー』とか普通なら声が出るんですが。『監督が江川はすごいと言いよったけど、こんなヤツと試合せにゃいけんのか』という感じだったですね」

江川を初めて見た達川光男（元広島）はこんな感想を漏らしている。

「普通、キャッチャーのミットは捕球するとき、構えたところから下に落ちるんですよね。江川のはミットを上へはじきあげよったですからね。ものすごう速いんですよ。ありゃ頭に当たったら死ぬぜと、ウチの連中と話しよったです」

それでも、見ているうちに選手たちの表情が変わった。「やってやる」「ワシらの野球をやろう」。

勝負する眼になっていた。準決勝で対戦することが決まると、迫田監督は選手たちにこう言った。

「江川を倒して歴史をつくろう」

法則2　怪物対策　外角低めを狙ってファウルを打つ

とっておきの秘策はある。とはいえ、出塁しなければ秘策は披露できない。次に迫田監督が考えたのが、徹底的に打たないということだった。

「狙うのは外角低め一本。それも、打つんじゃなくてバットを止めなさいと。打つということになったら間に合わん。止めるならなんとか当たるんじゃないかということですね。それで、ファウルを打つ。前に打たなくていいんです。ヒットなんていうのは、望んだらいけませんと。ファウルを打ってフォアボールを取れたら、少しでも走れて違った野球ができる。江川はちょっとモーションが大きいから走れるんじゃないかというのはありましたから。走って少しでも動揺してくれたらなということですね。あと考えたのは、延長18回を3試合すれば高野連も考えてくれるだろうと（当時は延長18回で引き分け再試合）。ベスト4の4チーム優勝とか考えてくれんかなと思ってましたね。だから、勝つのは全然頭の中にないんですよ」

江川のストレートはとんでもなく速い。開幕試合の北陽戦では、5人目の打者・有田二三男（元近鉄）が先頭打者から23球目で初めてバットに当たり（ファウル）、スタンドから大歓声が起きたほどだ。高めのボール球のストレートにつられる打者が多いこともあり、広商は狙いを外角低めに絞った。ストライクゾーンはボール60個分の広さ。それを60分割して、外角低めの中でも、もっとも遠いコースをピンポイントで狙った。それをファウルするのだ。

「まず高めの30個分はいらん。次に低めの近めはいらん。そうやって捨てていって、外角低め以外は絶対に振らないんですと。『高めを振ったらいけん』と言ったら、すごくぼやーんとしてわからんじゃないですか。『あれは高めじゃなかったんです』とか言うヤツも出てくる。60分の1といったら、それは外の一番遠いところですよ。そう言ってやったら、『今のは真ん中じゃった』という問題も起きんから、そうしたほうがいいんじゃないかと」

外角低めにバットを出して止める練習をした。それ以上にやったのは、見る練習。右打者は左打席で、左打者は右打席で外角低めはどこかというピンポイントを見る練習をした。

「打つ練習をすると、かえって他（打撃フォームが崩れるなど）も悪くなりますからね」

法則3　怪物対策　ホームベース寄りに立って球数を投げさせる

試合では、打者はホームベース寄りに立ち、かぶさるようにして小さく構えた。江川は1年生の秋の関東大会で打席で耳に死球を受けて退場、入院した経験がある。内角に投げづらくして、外角を狙う作戦だった。

「ベースに寄られたほうが嫌だろうからと。ベースぎりぎりですね。打てんのだし、ヒットを打つためのバッティングじゃないんですから。球数を放らせるというのはありましたね。疲れさすとかじゃなしに、緊張感が崩れるんじゃないかというのが狙いでした」

超満員の観客の期待は江川の豪速球と奪三振。甲子園は異様な雰囲気に包まれていた。

「これまでに3試合もやってきとるのに、江川がプレートを踏んだら球場がシーンとなるんですよ。守ってる選手も『江川が今からストライクを投げるから見とけ』という感じで。味方がそうですから敵もそうなりますよね。私がサインを作って、リズムを狂わすために『打席を外せ』とかやるんですが、それをできないヤツがおるんですね。『外しなさい』と言ってるのに、江川が投げようとしたら構えてる。球場のファンが、江川が投げやすいようにしてる。球場全部が江川の雰囲気でした」

独特の雰囲気の中で、広商打線は見事にボールを見極めた。2回に3四球を選ぶなど、5回までに104球を投げさせたのだ。

「江川は27個のアウトを全部三振で取ろうとしてました。ヒットを打たれても気にする感じはないのに、フライでのアウトを嫌がっていた。そこを突こうと思ってました」

5回表に先制されたが、その裏二死二塁から九番打者で投手の佃正樹がライト線にふらふらと落ちる初安打。二塁走者が還って同点に追いついた。連続無失点記録を続けていた江川にとって、140イニングぶりの失点だった。

「佃なんて打つことは考えてないですからね。策もない。『2アウトだし、三振するだろうから好きにしなさい』と言ったら、ええ具合にポテンヒットになったんです。無失点記録が止まると、判官びいきというんですかね。スタンドから歓声が上がった。球場がウチを応援する感じになってきたんですよね。『広商、結構やるやないか』とざわつきだした。江川はそういう雰囲気は初めてですよね。うるさいなという感じで、力んで放ってくれました」

決勝点は8回裏だった。四球の金光興二を一塁に置き、楠原基が安打。二死一、二塁とチャンスを広げたところで、二塁走者の金光とベンチの迫田監督の目が合った。「走りたい」と訴える金光の想いが伝わり、迫田監督は「ストライクならヒットエンドラン、ボールならダブルスチール」のサインを出す。3球目。金光がスタートを切った。捕手・小倉偉民が三塁へ投げるが、これが三塁手がジャンプしても届かない悪送球になり、金光が生還。広商は怪物をわずか2安打で沈めた。

「金光が『行っていいですか』と走りたそうでしたから、『自由にしなさい。ウチに点が入る可能性はないんだから』と。サードに行っても点が入らんのですから、思い切ってやればいいという感じでした。夏の大会後、全日本で江川と韓国に行ったんですが、そのとき江川は『僕はキャッチャーに「投げるな」と言ったのに投げたんです』と言ってました。受け身というたらおかしいけど、自分らで『いつもと違う』というのはあったんじゃないですかね」

法則4　怪物対策　全員が徹底事項を守って束になる

この試合で広商打線は江川から8個の四球を選んでいる。打つことこそできなかったが、全員が監督の指示を忠実に実行した結果だった。

「選手9人が絶対にそれだけはやろうと徹底してくれとったですね。一人ひとりがチームで約束したことを守ってくれた。結局、1人がやっただけじゃダメなんですよ。一番から九番まで、出てくるヤツ全員が小さくなって構えて、外はカットして、あとは知らん顔して見逃すということができるか。1人でも自分がええ格好してやろうと思ったらできんのですよ。その頃の選手というのは、自分らの力がそんなにないから、勝つためにみんなでこうするんじゃというのを喜んでやりました。今はこういうことができなくなっとるんですよ。今の子なら、打てないヤツほど『わしは打つんじゃ』と言って打ちにいくんじゃないですかね。昔は『こうしよう』と言ったら、約束を守ってやってくれた。親が『監督が言ったんなら、それを守るのが当たり前だ』と家庭で教育をしとってくれたんですね。よくこういうことをやらせてもらったと思います。選手たちにもそうですが、お父さん、お母さんにも感謝ですね」

チームで立ち向かったからこそ、怪物に勝つことができた。束になることの強さ。徹底することの強さ。これを全国に見せつけたのだ。試合後、江川はこんなコメントを残している。

「野球は9人でやるものということは知っていました。でも、今日、それがはっきりとわかりました」

さらに、後年、江川は広島商戦をこうふりかえっている。

「初めての経験だったんです。広商の野球を目の当たりにして、負けた悔しさよりも『こういう野球もあるんだ』ということを学びました。それまでの私は、野球とは力いっぱい投げて打つという単純な競技だと思っていた。ところが、広商の野球は違っていた。出塁したら、相手のスキをうかがって足を使う。相手投手に球数を投げさせるためなら、たとえ三振してもバットを振らないで帰っていく。もちろん、ディフェンスも完璧に近い。力が技に負けたというようなひがみじゃないんです。チーム一丸となって勝利をもぎ取る野球というものに初めて出会ったショックがあったんです。2失点したのも初めてでしたが、8つもフォアボールを出したのも記憶にない。高校生ならだれもが空振りをしていた高めのストレートに手を出さず、たった2安打で勝ってしまうんですから。マウンドにいて戸惑いは感じましたが、全国レベルの高さを知ったというのが本音です」

チームで徹底事項を守ることに加えて、見逃せないのが迫田監督の〝逆転の発想〟だ。バントができないから、バントの空振りを利用することを考える。高めに手を出してしまうから、低めを狙わせることで、高めの球に見向きもしないようにもっていく。

「ダメだ、ダメだと言う監督さんは、ほとんど『力のある選手がもう1人おったら』とか無理な注文ばっかりされますよね。今は全国からいい選手を探してくるという感じが強い。いない中からつくっていかなきゃいけないのが高校野球の一番の魅力だと思うんですけどね。負けるにしても、ぶざまな負け方はしたくない。これだけやったんじゃという野球をするためにどうしたらいいか考える。こういうことをやれば多少は変えるチャンスがあるんじゃないかと考える。もっとも、今ならあんなことを思いつくかわからんですけどね」

弱いからこそ考える。固定観念にとらわれず、アイデアを出す。個人では戦えないからこそ、チーム一丸となって立ち向かう。これこそが、迫田野球。弱くても怪物を倒せるのが、本来の野球の醍醐味なのだ。

法則5　右打者が左打席に立って、選球眼を磨く

作戦も非常識なら、練習も非常識。

江川から8四球をもぎ取った選球眼は、特異な練習によって生み出された。

迫田監督は、右打者は左打席に、左打者は右打席に立たせて投球を見る練習をさせた。これは、合気道の師範・住田芳寿の「ボールを線で見ろ」という教えによるものだ。

「右打者の場合、100本バッティング練習をするなら、右で30本打ちなさい、左で30本見なさい、真後ろから40本見なさい。そのほうが100本バッティング練習するより選球眼がよくなる

し、バッティングもよくなるよと。右だったら中に入ってくる球が、左だったら逃げていく。1カ所で見るより、いろんな線がわかるんです。後ろから見るともっとその線がわかりやすい。特に技術ができていない高校生は、ガンガン打ったって、かえって悪くなりますから。逆の打席に立って、近くに来ると絶対逃げます。『怖いです』と言います。近めを平気で見送り出したら選球眼がよくなってる証拠。逃げてるうちは本物ではない。これが怖くなくなったら、右で自信を持っていけるよと」

どんなにいいスイングをしても、目をつぶったら打てない。ボール球に手を出せば、打てる確率は低くなる。

「いいバッターは、みんな目がいいんです」

近年はガンガン振ることに目がいきがちだが、どんな球でも手を出しているようでは打てない。甘い球、打てる球を選んで振りにいく。選球眼の大切さを忘れてはいけない。

徹底といえば、この年の広島商はこんなこともやっている。夏の大会の初戦・双葉戦。3回で8対0と大量リードを奪うと、迫田監督はこう指示を出した。

「ストレート、変化球関係なしに、ファーストストライクでゴロを打て。ゴロで打つ練習をしろ」

得点差が広がると、どうしても大味な野球になりがち。打者も大きいのを打とうと振り回し、打撃を崩しかねない。そうすれば、次の試合にも影響する。そこまで考えてのことだった。木製バットの時代だけに、8点差は安全圏。勝負がほぼ決していたからこその指示だった。4回の攻撃から始めて、8回一死まで選手たちはゴロを打ち続けた。

「みんな淡々とゴロを打ちますからね。そこらのことができるチームでした。初めてセンターフライを打ったのは打ってない選手でした。打ってないヤツは、どうしても打ちたいんですよ。打ちたいから、打ちにいってフライを上げる。それは交代対象です。ヒットを打てというんじゃないですからね。ゴロを打ちなさいですからね」

全員が同じ方向を向いているチームは強い。同じ方向を向いているからこそ、一つのことを徹底できる。全員でやることの大切さ、全員でやり抜くことによって生まれる一体感の強さがわかっているからこそできることだ。個人主義ではとてもこんなことはできない。

「今の子たちに言ったら？　さぁ、何人やってくれますかね……」

一つのことに集中することがいかに難しいか。

「平生の練習からそういうことをやっとかんと無理なんです。普段ちゃらんぽらんしとって、甲子園のときはこうしなさいと言っても絶対無理ですからね。甲子園では平生の練習の中で隠れてやってることが出る」

だれでも意識すればできることを徹底する。簡単なことを積み重ねる。一つひとつは小さなことでも、それが集まったときに、見えない力が生まれるのだ。

法則6　バントをしないとバント守備も下手になる

こんなことを言うのは、おそらく日本に1人だろう。

「帰ったら、バント練習しようと思います」

大会新記録となる68本塁打が乱れ飛んだ2017年夏の甲子園。天理対神戸国際大付戦のラジオ解説をしていた迫田監督はそう言ったのだ。

この試合、神戸国際大付は1回裏一死三塁、8回裏一死満塁、9回裏一死三塁と三度の一死走者三塁のチャンスを逃していた。しかも、凡打の内容はすべて初球を打っての内野ゴロ（8回裏は併殺打）。これが響き、延長11回の末、1対2で敗れた。

「三塁にランナーがいてものにできない。（3回以降は）1対1でずーっといってるのに、全部初球を打ってアウトですから。考えないといけません」

解説を前にスタンド観戦していた前日の広陵対秀岳館戦では、1対1で迎えた7回表一死二、三塁の場面で広陵・平元銀次郎の投手前へのスクイズを投手の川端健斗がトンネル（記録は内野安打）したのを見ている。九番・投手の平元ははじめからバントの構え。スクイズが来るのは予想できた。しかも、投手正面への強いバント。落ち着いてさばけばアウトにできる打球だった。

「打つばっかりでバントをしなくなりましたから、あれぐらいバント守備も下手なんです」

打つことに目がいきがちでバントをしない。バントをしないからバント守備の練習も減る。16年夏の甲子園では、作新学院が5試合でわずか2犠打とバントをしない攻撃で頂点に立った。打撃重視の時代、ホームラン全盛の時代だからこそ、迫田監督は逆にそこが狙い目だと考えたのだ。

そして、そのバントこそ迫田監督が日本一になった究極の策でもある。

法則7　2ストライクからスクイズを決める

迫田監督が母校である広島商を率いたのは1967年から75年。73年までは木製バットの時代だった。〝広商野球〟といえば、バントを必ず決めるのが約束。バントに対する要求は厳しかった。

「私が教えてもろうた考え方は、バントいうのは3本あるんじゃないんだ、1球しかないんだということ。その1球の練習をせにゃいけんのじゃと」

そう聞くとバント練習ばかりに明け暮れていたように感じるが、実は、放課後の練習時間内にバント練習は一切なし。あるのは、一発勝負のバント発表会だけだ。

練習の最後にレギュラー14名（当時のベンチ入りは14名）が集められてバントをする。カウントは0ボール2ストライク。投手は2メートル前から投球して速い球を投げる。変化球も投げれば、ウエストもする。しかも、立つのは右打者なら左打席、左打者なら右打席。本来の打席とは反対の打席だ。打席の周りには約80人いる控え部員が並び、「こいつは失敗するぞ」など全員からヤジを浴びせられる。プレッシャーの中での1球勝負だ。

「失敗したら、グラウンド1周です。『もう一回やらせてください』と言ってもダメ。『昼休みに練習しなさい』と。結局、できない選手は通常の練習時間に『僕はバントをさせてください』と言って練習するようになった。夏には全員成功するようになりました」

重圧と戦う練習をくり返し、選手たちは精神的にたくましくなった。技術的にも「1球あれば大丈夫」という自信がついていった。

この練習の成果が出たのは73年夏の甲子園決勝・静岡戦。2対2で迎えた土壇場の9回裏だった。広島商は先頭の四番・楠原基が内野安打で出塁。続く町田昌照はバントの構えのまま、きわどい球を次々に見送りカウント3ボール。4球目がストライクで3—1となったところで、迫田監督は町田にサインを送った。

「あの大会は、全部2ストライクからバントなんですよ。1ストライクからはない。ただ、このときは甲子園の優勝戦の9回裏。次がストライクになれば3―2じゃないですか。ここはやらにゃいけんといってバントのサインを出したんですよ。そしたら、町田が『大丈夫です。ウェーティングします』と。ええ度胸しとるわということで待たせたんですけど、その場面で私が『そうか。それならええぞ』と言えるぐらいバントができた」

結果的に5球目はボール。町田は一塁へ歩いた。続く達川光男が送って一死二、三塁とすると、川本幸生は敬遠で満塁となった。打席には八番・大利裕二。攻めているのが堅実な野球を売り物にする広島商であること、打者が下位であること、当時の高校野球のスタイルなどからだれもがスクイズを予想する場面だ。もちろん、迫田監督もそれは承知。そのため、一死二、三塁の場面から周到な準備をしていた。打席に向かう川本に「2ストライクからスクイズは大丈夫か？」と確認したうえでこう言っている。

「おそらく敬遠。満塁策をとるじゃろうが、勝負してきたら2ストライクからスクイズするけえな」

さらにこの前の一、二塁の場面では、こんなこともしている。

「一、二塁のときに、二塁ランナーにスクイズのサインを出しとるんです」

当時のスクイズのサインは、右手にメガホンを持って何か言葉を発するというものだった。迫田監督は二塁走者へ向け、右手にメガホンを持ってさかんに指示を出していたのだ。一、二塁でなぜスクイズのサインなのか？　それにはもちろん理由がある。

「相手に見せるためです。ランナーが二塁にいるときに左を使うたり、右を使うたりやっとるわけです。三塁に行ったら左しか使わんですよね。最後2ストライクになってパッと右で出すんです。ただしこれも平生の練習でやっとかんとダメです。『サイン出しとるけど違うよな。これは三塁に行ったときに出すための下準備だよな』と。いきなり甲子園の優勝戦でスクイズのサインを出したら、無死一、二塁でもスクイズしたり、走るヤツがおるんです。『スクイズは三塁にいるときだろ』と言っても、『スクイズのサインじゃないですか』と言うんですからね」

相手に見せておくことで、これはサインではないと思わせる。そのうえで、打者と走者が平常心かどうかを確認する一石二鳥の準備だった。

敬遠策で一死満塁。川本のときと同様、打席に向かう大利には2ストライクからスクイズをしかけることは確認してある。迫田監督はベンチで〝時〟がくるのを待った。初球はストライク。2、3球目はウエストでカウント2―1。4球目は真ん中低めにストライクだった。

「（バッティングカウントの）２―１を見送ったときに、右手にメガホンを持って『バカたれ！なんで打たんのか！』と。それがサインですから」

カウント２―２からの５球目。静岡のエース・秋本昌宏が投じたのは内角のシュートだった。大利はこれを三塁前に転がし、三塁走者の楠原がホームへ頭から飛び込む。決勝戦35年ぶりのサヨナラでの日本一だった。

法則8　普段から自分たちで考え、判断する練習をする

２ランスクイズ。

そう聞いて、現代なら驚く人はいないだろう。だが45年前は違った。だれも知らなかったのだ。甲子園で初めて２ランスクイズを成功させたのは73年夏の広島商。３回戦の日田林工戦だった。二回表に２点を先制されて迎えたその裏。１点を返してなおも一死満塁の場面だった。九番・佃が投手前にスクイズ。このとき、日田林工内野陣の一塁ベースカバーが遅れた。これを見た二塁走者の達川は、投手からベースカバーの二塁手へ送球される間に一気に本塁へ。史上初の出来事にＮＨＫのカメラは達川の生還を追えず、アナウンサーも「満塁なのになぜランナーが２人

しかいないんですか」と混乱したほどだった。

「私の同級生がラジオを聴きながら車の運転をしとって、『これで同点になったと思ったら3対2と言ってる。どうして?』と考えてたら前にぶつけたと(笑)。NHKのカメラマンはすごく怒られたそうです。広商のゲームはどうなるかわからん。よう見とけと」

二塁走者の達川は決して俊足ではない。普段から自分たちで考え、判断する練習をしていた成果がここで出た。この試合の後、2ランスクイズは高校野球で一気にブームになったが、迫田監督は多用しなかった。

「一番大事なのは、小差のときにやること。そうでないと価値がないんです。例えば、6対0で勝っとって2ランスクイズをやっても、これは価値がない。日田林工のときは、1対2で負けてましたからね。ウチはその回にヒット1本ですから」

結局、試合は3対2。2ランスクイズの2点が決勝点だった。

この他にも、迫田監督は変わったスクイズを敢行した。

その昔には、カウント3—0からやらせたこともある。もちろん、通常のスクイズではない。今でいうセーフティースクイズのようなものだ。セーフティースクイズと異なるのは、打者はプッシュバントをすること。バントしたのを見て、三塁走者はスタートを切る。

「私の持ち技の一つです。特に1アウト一、三塁なら絶対できますね。セカンドに強くやればランナーは還れます。バッターは打つタイミングで、カウントに関係なく、できるボールをすればええんです。だから、高めをしたほうがええ。高めをセカンドに打つ感じですね。おもしろいのは、スクイズをするよりこのほうが楽だというヤツと難しいというヤツがおることですね」

かつては、もっとも打撃に期待のできない捕手がこのバントを決めて勝ったこともある。だが、近年はなかなか使えなくなった。

「木のバットならできよったんですよ。カーンと当たってもボールを殺すことが。金属バットだとちょっと難しい。今の子は、次はスクイズと決められたほうが楽ですと言いますね」

バリエーション豊富なスクイズは、なんとかして1点を取ろうと考えた結果でもある。一度使ってしまえば、その大会では使えない。いくら練習しても、使うチャンスが来ないこともある。それでも、そういう練習をすることが楽しい。それが、迫田野球なのだ。

法則9　経験の数で成功率は変わる

時代は変わっても、迫田野球においてバントの重要性は変わらない。

そこで、迫田流バント理論をいくつか紹介する。

「バントが決まらないのはバッティングが悪い選手です。バッティングがいい選手は、タイミングを取るのがうまい。リズムよく、ピッチャーが投げるときに構えてポンとやる。バッティングが悪い選手はタイミングが取れんのです。構えるのが遅くて、焦って手でやるんですね」

バントといえば、特に高校野球でいわれることに「送りバントを1球で決めると攻撃のリズムができる」というものがある。甲子園の解説で頻繁に耳にする言葉の一つだ。何度も聞くせいで当たり前のように思っている人も多いが、迫田監督はこの意見に異を唱える。

「バントというのは3球できるという考え方をしたらいけないんです。初球失敗した、2球目失敗した、3球目に成功したというのは違うよと。1球しかないというのをわからにゃいけんよと教えられてますから」

では、なぜ簡単にバントをしないほうがいいのか。理由は二つある。

「緊迫したゲームでは、甲子園に出てくるようなピッチャーでも5割以上は今までのコントロールが狂うからです。静岡との優勝戦、9回無死一塁でバントの構えをしたら、秋本は3つボールを続けてフォアボールを出したんです。9回まではそういうことがなかったのに、です。それと、初球をしなかったら2球目にパスボールがあるかもわからんじゃないですか。そうしたら、バントするより楽ですよね。ピッチャーも（球数を）投げるほど嫌ですよね。『バスターが来るかもわからん』と思うでしょう。初球で決めるより、2ストライクからできるほうが、いろんなことを考えるんですから」

1球目でバントすれば、相手は何も考えずにすむ。かけひきもない。球数が増えれば増えるほど、ミスが起きる可能性は高くなり、相手が考えなければいけないことも多くなる。

「自分が守っとって、やられたら嫌なことをするのが野球ですよね。守っとるほうは、初球をやってくれたら楽ですよね」

バントのサインが出ていたとしても、一塁手と三塁手がバントシフトで猛ダッシュをかけてくれば、打つほうが得策だ。それなのに、わざわざバントをする選手もいる。サインで動くだけで、何も考えていない、何の判断もしていない証拠だ。これでは、試合に勝てるわけがない。

「今の子は弱い。平生の練習の中でも、日常生活でも、耐えたり、我慢して何かをしたということがないんですよ。だから野球だけ初めてこういうことしましたというのは難しいですね。そういうことをなんとか教えなくちゃいけない」

バントをさせるにあたって、監督も考えなくてはいけない。特にスクイズの場合、打者の負担を少なくしたほうが成功する確率も高くなる。

「ある学校が5対5の8回裏一死満塁でカウント3―2から五番バッターがスクイズして失敗。点が入らずに延長11回で負けたんです。そこの監督さんは『簡単じゃないか。ボールはしなくていい。ストライクだけすればいい』と言いましたけど、簡単じゃない。やるほうからすれば、『きわどいところに来たらどうするんや』という話ですから。それを聞いて、私は『高校3年間で、同点の一死満塁の3―2でスクイズした経験のある選手はおりますか？』と言ったんです。おりませんよ」

監督はつい選手の気持ちを忘れがちだ。どんなに能力のある選手だったとしても、しょせんは高校生であることを忘れてはいけない。93年センバツ2回戦、横浜対上宮戦ではこんなことがあった。3回表、1対0とリードする横浜は一死満塁のチャンスを迎えた。打席には五番・朝間順平。カウント3―2となったところで、渡辺元監督（当時監督＝現在は元智）は次々打者である沢田博貴を伝令に送った。

「ストライクならスクイズ。ボールなら見送れ」

ところが、6球目。朝間は外角高めの明らかなボール球に飛びつくようにバントしてファウル。スリーバント失敗で三振となった。見送っていればもちろん押し出し。渡辺監督はわざわざ伝令まで送ったが、いざ投球が来るとその内容は打者の頭からは飛んでしまっていた。名門校の選手といっても、こういうことがあるのだ。

「何回もしたことがあること、一番練習しとることをするんだったらええんですが、そうでないことをするのはものすごく難しいんですよ。やるか、やらんかいうのは、回数をどれだけ経験しとるか。大会でやっとるかどうか。そういうようなことをわからずにやらしとるんです」

静岡との決勝戦、一、二塁の場面でスクイズのサインを出したのに代表されるように、迫田監督はミスが起きにくくなるよう、しっかりと準備をする。なぜそうするのかといえば、苦い経験をしているからだ。

「私は伝令もだれを行かすか決めとるんですよ。甲子園で『フォアボール出してもええから勝負するな』と行かせた直後に初球ヒットを打たれたことがあるんです。『外そうとした球が中に入ったんか』と思ってベンチに帰ってきたピッチャーに聞いたら、『勝負しろと言われた』と。初めての伝令でテレビに映っとるから反対を言っとるんです。高校生なんて、初めて出たらそんなもんですよ。だから、平生から伝令は伝令で練習せないけんのです。勝つチームというのは、それだけ余分な練習をいろいろするんですよ。余分な練習をするかせんかが勝つか負けるかを分けると言ってもいい。プロでも、ジャイアンツが強かったときは、『これは試合でそうないんじゃないか』という練習をしているんですよ。弱いチームは『あれは試合であまりないからええじゃないか』と言って練習せんのですね。そこらのところが野球の難しさじゃないかと思いますね」

経験があることとないことでは、試合でできる可能性は格段に変わってくる。10知っていて5しか出さないのと、5しか知らないで5を出すのとでは、同じ5でも意味が異なる。経験がある、10知っているからこそ余裕がうまれ、ゆとりを持ってプレーができる。本番を迎えるまでに、監督がどれだけ経験をさせてやることができるか。準備をしてやることができるか。監督とは、そこまで配慮してやらなければいけないのだ。

法則10 待球戦法で相手を嫌がらせる

徹底的に振らない。我慢する。

それが、待球戦法。これを得意にしているのが迫田監督だ。作新学院・江川卓対策として功を奏した作戦だが、それ以外の試合も紹介したい。

優勝した73年夏は準決勝の川越工戦。右のサイドスローの好投手・指田博相手に用いた。

「シュートがよかったので、それを打ちにいったら術中にハマる。まともに打ったら難しいなと。それで、『球数を投げさせなさい。後半勝負だから。3回まで点を取らんでいいよ。どれぐらいのボールか見なさい。このボールなら打てるというボールを探しなさい』と。6球以上投げさせたらヒットと値する。その代わり、打ち気を出したウェーティングをしなさいと言いましたね」

ようやく攻撃に転じたのは5回裏。一死から大城登が四球で出ると、九番の佃が一塁手のミットをかすめ、ライト線へ抜ける二塁打。返球を急いだライトの送球が一塁塁審に当たる幸運もあって1点を奪うと、続く浜中清次のショートゴロが悪送球を誘って2点目が入った。6回裏にも1点を追加すると、7回裏には疲れの見える指田に5長短打を浴びせて4得点。試合を決めた。

「『そろそろいくで』と言ったのが5回なんです。指田は3回まですごいシュートを投げてたんですが、3回で全精力を使ったような投球をしました。5、6、7回で7点取りましたから、会心のゲームです」

当然のことながら、待球戦法は練習試合で何度もやっていた。相手に悟られないように2ストライクまで待ち、ひと回りする間にどの球を打てるか見極める。逆打席に立って選球眼を磨いていたのも大きかった。

「当時は木のバットで簡単にヒットが出ませんでしたから。私らは持久作戦が多かった。金属バットになって、それが大きく変わりましたね」

そうは言うものの、迫田監督は如水館でもたびたび待球戦法を見せている。中でも会心の試合といえるのが98年夏の広島県大会決勝・広島商戦だ。このときの広島商は創立100周年。「全国優勝を狙う」と3年生は広島県内の好選手を37人も集めた学年だった。エースの亀川裕之、サードの三浦謙二郎は当初、如水館に入学予定だったが、広商からの誘いで進路変更している。そんな裏事情もあり、如水館には17人しか入らなかった。

「広商でも通用したのはキャプテンの松浦（孝祐）ぐらいでしょう。最高に弱いチームでした。春は近大福山に初戦で7回コールド負けですからね。夏に勝ち上がったものの、（準決勝までの）6試合中3試合が1点差です」

広島商はセンバツに出場して1勝を挙げている。如水館はノーシード。力の差は歴然としていた。普通にやっても勝ち目はない。左腕エース・亀川を相手に迫田監督が採った作戦が後半勝負の待球戦法だった。

「ウチが勝ついうたら、ホンマちょっとした可能性しかないんですよ。対等に戦ったら、向こうが力を出したら負けなんですよ。だから、相手が力を出せんようにする。極端にいえば、1、2点先行されて相手に油断させるんです。広商は88年に優勝した後、9年間夏の甲子園に行ってなかった。焦っとるんです」

打者にはホームベースから大きく離れたうえで、打たないように指示をした。

「『5回まで点を取っちゃいけん。打つチャンスがあっても打ったらいけん。6回以降が勝負じゃけな』と。そのために、ベースからものすごく離れてわざとインコースを放らさんようにしました。当然、届かんのですからアウトコースを空振りですよ。それによっていざインコースに投げようと思っても投げれんようにするのが目的でした」

6回まで三振6個で無得点。守備では2回裏に八番・花坪研、九番・亀川の下位打線に連続タイムリーを打たれる誤算はあったものの、なんとか0対3で終盤を迎えた。

「力の差を考えれば、3点取られてもう絶対負けの展開なんですよ。ここで言ったのは『向こうのバッティングを冷静になって見てみなさい』と。ほとんど初球から高めのボールを打ってくれて、フライアウトとか、すごく雑なバッティングをしとるんですよ。これはどういうことかというと、選手は3点で逃げたいんです。甲子園から遠ざかっとるのがこういうところに出るんです」

そして、7回表。如水館打線が攻撃に転じる。打席の位置をベース寄りいっぱいに変え、外角球を積極的に打ちにいくように変えたのだ。小町裕貴、藤田武智の連続タイムリー二塁打、竹玄圭吾のセンター前タイムリーなど5連打で一気に同点。9回表には一死満塁から竹玄がライトへ犠牲フライを打ち上げて勝ち越した。前日の高陽東戦で延長13回164球を投げていた亀川は疲労困憊。竹玄が打った犠飛は、亀川の155球目だった。

「点を取られて相手を油断させて、それから逆転した。これは自分で思うたようにできた野球ですね。5回までに点を取ると向こうが目を覚まします。3点取られながら、『勝とうと思ったら5回まで点取ったらダメですよ』というのを守った。これは下手だからできるんですね。選手が自分たちは力がないと思ってやってくれたら、冷静に見ながら野球ができるというんですかね。指示したことを一生懸命できる。うまかったら自信があるから打ちにいっておかしくなるんです。ベースから離れていたのを前に出て打ったりしだす。そうすると向こうも『これは3点じゃいけない。もっと点を取らないと』となって、ウチが負けなきゃいけないようなゲームになるんです」

2001年の広島大会決勝・広島工戦も忍耐力の勝利だった。1回表に3失点する苦しいスタートながら、そこから粘った。1回途中でリリーフを送って失点を食い止めると、打線は徹底的に待球作戦。マウンド上は気温35度を超える猛暑だったこともあり、後半勝負を合言葉に2ストライクまで振りにいかず、相手投手に5回で100球を投げさせた。5回裏に1点を返すと、6回裏には打者11人を送る猛攻で一気に7得点。秋、春ともに県大会でベスト8にも入れなかったチームだったが、甲子園出場を果たした。

打撃力が飛躍的に向上した近年でも、待球戦法は効果がある。16年夏の広島県大会決勝の広島新庄戦でも、迫田監督はこの作戦を使った。広島新庄のエースは秋に北海道日本ハムからドラフト1位指名される堀瑞輝。この試合の6回には自己最速となる147キロを三度もマークした左腕だ。高校生がこのレベルの左を打つのは困難。それならば、球数を放らせるしかない。如水館打線は堀に172球を投げさせた。7回まで1得点で1対5とリードされたが、8回裏に1点、9回裏には2点を返して4対5と1点差に追い上げ、さらに一死一、二塁まで堀を追い詰めた。

迫田監督の実弟で広島新庄の迫田守昭監督は言う。

「如水館はさすがですよ。よそのチームは堀に対して『追い込まれたら打てない。早く打たなきゃ打てない』と思ってるんです。それを兄貴は『前半は打てなくてもええんだ。どれだけ投げさすかだ』と」

兄が待球戦法で来るのは織り込み済み。打たないのがわかっているため、堀にはほぼストレート一本で投げさせた。それでも、2ストライクまで打たないのは嫌なのだという。

「簡単にアウトを取れなかったら嫌なんです。なんぼ投げてもファウルにされて、最終的には打ち取りましたけど10球かかりましたというのが一番嫌。ピッチャーがよければいいほど、それがずっと続くと、結果的にはどこかでフォアボールになったり、打たれたりするんですよね。ヒットを打たれても2、3球で終わるのは一番楽なんです。3連打も4連打も食うピッチャーじゃないですから。よそのチームはみんな打とうとしてきとるんですよ。崇徳なんかでも初球から全部振ってきて、みな空振りするんです。これはやっぱり楽ですよね。如水館は全部ウェーティングですから。ただ、彼らもあんまり粘れなかったんですよ。あれでファウルが多かったら嫌でしょうね。9イニングまであると思ったら。ウチは他にピッチャーがいませんでしたから」

堀は準々決勝から決勝まで3連続完投。最後はなんとか逃げ切ったものの、アップアップの状態だった。

2ストライクまで打たない。選球眼を磨き、ファウルを打つ練習をする。球数を稼ぎ、球威の落ちた後半に勝負をかける。時代と逆行するといわれる戦法かもしれない。だが、強打者が並ぶチームでない限り、好投手を打ち崩すことは難しい。なんとかして攻略するためには、工夫が必要。チームが一体となって戦うことが必要。そのやり方の一つとして、昔からの待球戦法はバカにできない。それどころか、大いに有効なのだ。

法則11 バットを長く持つばかりでなく、短く持つ

自由にやりたい。格好や見た目を気にする。

これが、現代の高校生気質だ。この影響もあるのだろう。迫田監督が懸念しているのが、バッ

トを短く持つ打者がほとんどいなくなったことだ。思い切り振るのが主流になり、身体の小さい、パワーのない打者であってもバットをめいっぱい長く持つようになった。

「極端に言ったら、バットのほうが長いんやないかという選手もいる。それで打つんなら私も何も言わんけど、それで空振りするんなら、それは違うんやないかということです」

迫田監督が現役の頃は、バットを長く持っていると上級生から「偉そうにするな」と言われた時代。そのときとは、野球は変わっている。打つことが主流になり、打つ力の重要性は高まっている。だからといって全員が同じようにするのはどうか。振る力がないのに、長く持って振り回すのは確率が低くなるだけだ。

「相手にとってどんなのが嫌なバッターかという考えが出んといけんのですよね。自分ではなく、『相手にとって』なんですよ。もちろん、『小さく打ったらいけん。大きいのを狙え』という考え方もありなんです。ただ、9回裏で1点負けとって1アウト三塁ならどうするか。この場面で全部をバットの芯でとらえるバッティングと、思い切って振って、ときどきはホームラン打つというバッティングのどちらがええかということです。プロのように143試合やるんだったら思い切って振るのもええかもしれませんが、高校野球で一発勝負というときに5本に1本ホームランを打つといっても、それは確率的に低いと思います。それじゃ勝てんよということですね。その場面でピッチャーが嫌がるのは、短く持ってちょこちょこやられるほう。ベンチにとっても、ピッチャーが嫌がることをやられるのが嫌なんですから」

実際、甲子園でも単打でＯＫの場面で振り回す打撃をする選手は多くいる。状況に応じた、その場面で求められる打撃ではなく、あくまで自分がやりたいことをやる。チームプレーの精神に欠けた打撃だ。長く持って振れる選手でも、いつも長打を狙うのはおかしい。単打で得点が入るなら、その打席は確率を上げるスイングをしてほしいということだ。

「本当に今、日本の高校野球は変わりよるですよ。このままいったら甲子園のお客さんは少のうなりますよ。魅力ないですよね。ホームランを打ついうんだったら、大リーグを観とるほうが出ますよ。そういう野球をやったらいけん。高校野球が大まかな野球になったら魅力ないんです。やっぱり野球というのは、もうちょっと頭を使って、自分らであれしよう、こうしようと工夫をするもの。それが日本の高校野球だと思います。今の流れは、なんとか歯止めをせないけんと思いますよね」

誤解してほしくないのは、全員にバットを短く持てと言っているわけではないということ。その証拠に、如水館でもオフシーズンはあえて全員に長く持たせて打撃練習をさせている。可能性を探るとともに、向き、不向きを体感させるためだ。

「長く持って振れん、無理という選手には、今度は短く持たせる。全員にやらせることで、いい、悪いを見本として見ないといけんのです」

長く持って振れる選手は振ればいい。ただ、振れない選手まで同じことをするのはおかしい。これをわかってほしいのだ。

もう一つ、誤解してほしくないのは、短く持ったとしても長打が出ないわけではないということ。通算868本塁打の世界のホームラン王、王貞治も、通算762本塁打のメジャーのホームラン王、バリー・ボンズもバットを短く持っていた。高校野球では、北海が平川敦監督の方針で全員がバットを短く持っているが、準優勝した16年夏は五番の川村友斗が2本塁打を記録した。短く持っても、鋭く振り抜けば長打は出る。ひと昔前のように、グリップを大きく余して持つ必要はない。指2、3本分でも短く持つことで振れるようになることもある。短く持つと飛ばないという間違った先入観で、長く持つことだけはやめてもらいたい。それが、迫田監督の願いだ。

第2章

工夫して守る

点をやらなければ負けない。

広島商を率いたときから変わらず、負けない野球が迫田監督の野球だ。作新学院の怪物・江川卓に対しても「3試合連続延長18回をやるつもりで戦った」が、それだけ守備に自信があったということでもある。

法則12 野手がスタートを切っているか控え選手がチェックする

広商時代は徹底して守りを鍛えたが、チーム全体で細かい部分を見逃さないシステムを作っていた。試合中は投手が1球投げるごとに野手はスタートを切るが、第一歩をしっかり切れていたかどうか、控え選手にマンツーマンでチェックさせていたのだ。

「練習とか練習試合ですね。(右打者の場合)アウトコースなら左、インコースなら右にちゃんとスタートを切っとりますかと控えに確認させとったですね。フリーバッティングのときにその練習をしとかんとできんのですよね。バッターが見送ってボールになっても、2、3歩はスタートを切っとかなきゃいけんのですよ。だから、2か所でフリーバッティングをしとる場合、右側のバッターを見とったら、左側のバッターの打球が来ても知らん顔して捕ったらダメ。右側だけに集中してスタートを切りなさいと。毎回スタートを切ることで、守っとって相手を攻める感じですよね。攻撃側を攻める」

それが実ったのが全国優勝した1973年の夏の決勝・静岡戦。2対0とリードして迎えた6回表だった。先頭の永野修司が内野安打、続く植松精一（元阪神）が右中間二塁打で無死二、三塁のピンチ。ここで四番・水野彰夫の打球は投手・佃正樹の左肩の横を通過する鋭いライナー。だれもがヒットだと思った打球だったが、これをセカンドの川本幸生が横っ飛びで逆シングルのダイビングキャッチ。飛び出していた二塁走者をアウトにしてダブルプレーを奪った。翌日の朝日新聞に『殊勲の超美技』と称えられた川本のプレーは、まさに一歩目にこだわってきた練習の賜物。次の打者の白鳥重治に二塁打を打たれただけに、勝敗に大きく影響する大ファインプレーだった。

甲子園の決勝でなぜこんなプレーができたのか。それは、普段の練習から迫田監督が常に選手たちにこういい聞かせてきたからだ。

「甲子園の優勝戦で、1点リードの9回裏二死満塁、カウント3—2をイメージして練習しなさいと。それができるようにならんと甲子園では戦えませんよというのが第一です。バッテリーや野手、打者はもちろん、一塁コーチや三塁コーチもそのつもりでやりなさいと」

迫田監督自身、高校3年夏に甲子園決勝の舞台を経験している。大観衆や独特の雰囲気、プレッシャーは並大抵のものではない。川本は２０１０年に53歳の若さで亡くなったが、生前、如水館グラウンドを訪ねたときに、選手たちにこう言ったという。

「ワシは甲子園に初めて出たとき、３球グラブの土手に当てたんや。アウトにしてるし、エラーはしてないけど、芯で捕れなかった。それぐらい甲子園は緊張するんよ。ただ、勘違いせんでくれ。ワシは下級生のときから3年間で２５０試合ぐらい出してもろうとる。それだけ出ても、エラーは5つとしてない。それなのに、甲子園では３つとも芯で捕れなんだ。それが甲子園の大きさ。それをわかってほしい」

平常心を失う大舞台が甲子園。そこでいつも通りプレーするためには、普段の練習から、いかに自分で自分にプレッシャーをかけるかが大事。川本はそれを伝えようとしたのだ。

重圧を感じながら守る練習として、迫田監督はこんなこともした。夏の大会開幕の1週間前から始める、延長戦を想定した守備練習だ。レギュラーが守備につき、控えの選手が打つ。レギュラーに課されるのは延長10回から14回までの5イニングを無失点で乗り切ることだ。13回以降は難易度を高くするため、無死一塁や無死二塁など走者がいる状態から始める。

「そのときに太陽がどうとか、イレギュラーがどうとか、絶対言ってはいけません。点を入れられたら、負けましたといってその日は練習休み。練習しないんです。自主練をするヤツはしてもええけど、それ以外はダメ。そうしたら、エラーしたヤツとかは一生懸命練習しますね」

大会前の大事な時期に自分のせいで練習が終了してはたまらない。選手は必死になって守ろうとする。期間限定で、この時期にやるからこそ効果がある。

「広商時代はできよったけど、今はそこまで集中できんですね」

いかに1球に集中することができるか。これが大舞台での守備につながるのだ。

法則13 試合中、10で守るか8で守るか守備に強弱をつける

守りを重視するからこそ、守備時には強い気持ちが必要だ。

野球は流れのスポーツ。相手に流れがある場合は、いつも以上に強い気持ちを持って守備に臨まなければいけない。それを選手たちに伝えるために、迫田監督はサインを送る。

「10で守れとか8で守れとかサインを出します。ここは絶対に点をやったらいけん、ランナーも出したらいけんというときは10。3人でアウトにしろと。8だったらヒット2本ぐらい打たれてもええ、点をやらなきゃええから、そういうつもりでやりなさいと。点をやってもええいうこと

はあまりないですけどね。10とか8とかわざと強弱をつけるのはやりますね。公式戦でも練習試合でもやります。練習試合でやらんと、教えることはできませんから。ただ、選手はやっぱり公式戦のほうが入りやすいですね。『今から10よ』とか」

そうはいっても、実際にやるのは難しい。特に投手は点数を取られたくないものだからだ。優勝した73年夏の2回戦・鳴門工戦では3対0とリードして9回を迎え、8の守備を指示した。

「9回はワンヒットはええから外野は深く守りなさいと。そしたら2アウトから3連打されたんです。佃からすれば、普通の守備位置だったら捕れとるじゃないかと。不服面で態度に出とるんですよ。そこで伝令を出しました。『あれは捕れとる打球かもわからんが、わざと後ろに守っとるんだから。それは忘れて自分のピッチングしなさい』と。なんとか3対0で終わりました」

勝負の場面で10の指示を出したとしても、相手に強打者がいる場合は三者凡退で終わるのは難しい。だが、それも織り込んだうえで10と言う。

「その場合は、打てるヤツと打てんヤツをつくらないけんのですよ。打てんヤツを絶対にランナーに出したらいけんよと。打てるヤツに打たれるのはしょうがないけど、ホームランならスリーベース、スリーベースならツーベース、ツーベースならヒットにしようと。ある程度打たれることを覚悟してやるということですね。それだったら、打たれてもそんなにダメージはないんですよ。全部抑えようと思ったら、打たれたことによって、その後がおかしくなるんですね。そこの考え方が余裕になる」

それでも10というのは「守備でも攻める」気持ちを出してほしいからだ。

「10の場合は攻めなさいということ。みんなが攻めなさいです。バッターを攻めることができるかどうか。優勝したときのメンバーは『これがわかるか?』と言ったら、『わかります』と言いよったですからね。ヒットを打たれたり、エラーをしたんなら、この次はダブルプレーを取るという気持ちを持ってやんなさい。それは1人じゃないよ。他の人間も協力してやらなきゃいけんよ。それをやるのが10の野球ですよと。対戦した相手に『広商の守りはすごい。打つのがすごく恐かった』とか『内野手がすごく近い。目の前に守ってる感じがした』と言われたことがあります。そう感じさせたのも、私が言ってることがわかるかわからんかいうんが一番大きいでしょうね」

攻める守備。守っている全員が気迫を出し、オーラを出せば、それは相手に伝わる。守備側がボールを持っているのが野球という競技。守りながら攻める。この気持ちがあるからこそ、守備を主とした負けない野球が成立するのだ。

法則 14

制球が不安定な投手は、野手と心を合わせる

73年のエース・左腕の佃正樹は春、夏ともに3試合を完封（継投を含む）。安定感抜群のように映るが、実は走者を出すことが多かった。夏の成績を見ると6試合で48回を投げ41安打20四死球。静岡戦では9回8安打5四死球、高知商戦で7回4安打6四死球など四死球の多い試合もあった。だが、広島商の失策はわずか1。四死球が多いとリズムが悪くなり、野手の守備にも影響するというのが野球界の定説だが、なぜここまで堅実に守れたのか。

「佃はコントロールがようないんですよ。ボールが先行して3―2になってダブルプレーというのが甲子園でもようありました。それでも守れるいうんは、守ってる連中がそういう練習をしとるから心の準備ができるんですね。だから、ランナーを置いてからの守備力が高かったですね」

この代の選手たちの試合を観ていて、迫田監督は気づいたことがあるという。

「おかしいもんで、ピッチャーが投げやすいように自分のリズムで投げたらフォアボールは少ないんですが、ピッチャーが野手に合わせて投げたらフォアボールは多くなります。ただ、野手に合わせた場合、代わりにヒット性の打球を5本中3本は捕ってくれるんです」

投手が野手に合わせるとは、捕手が内野手に「三遊間行くよ」「三塁線に寄っとけ」など指示をしてから投げる場合。投手が野手を信じて、そこへ打たせようと投げるほうがバックは応えてくれるというのだ。野手が「自分のところに来るかもしれない」と思うのと「自分のところに来るだろう」と思うのとでは、大きく違うということ。制球力がよい投手なら黙っていても野手は打球が来そうな場所に守れるが、荒れ球の投手ではできない。それでも、投手と野手が心を合わせることができれば、心の準備ができる。制球が不安定な投手の場合、参考にしてもらいたい。

法則 15 ノックは難しい位置に打つ

守備のチームといえば、きれいに流れるような守備を思い浮かべるだろう。だが如水館のノックはそうではない。むしろ、スムーズにいかないことのほうが多い。それを見て、「たいしたことない」と言う人もいるが、迫田監督は気にしない。あえてミスが出やすいようにしているからだ。

「内野は絶対遠くですよ。遠くのほうが送球も難しいんですから。遠くに打っとったら、あとは大丈夫なんです」

サードなら三遊間ではなく、三塁キャンバス寄りに打つ。ショートなら二遊間ではなく、三遊間に打つ。セカンドなら一、二塁間ではなく、二塁キャンバス寄りに打つ。ファーストならサードへの送球を想定して、一、二塁間ではなく、一塁キャンバス寄りに打つ。

「例えば三塁キャンバス寄りのゴロにボテボテの打球は少ないんです。引っ張ったゴロは、やっぱりきついんですよ。そういう生きたボールのノックをできないと試合の中に入ったときに狂うんですよね。平生の練習の中でも、試合での打球と同じようなノックをすることが大事。『こういう打球は見たことある』というのがあれば、それを打つべきですね。試合前と同じノックをしたってあまりプラスにならんです。ノッカーというのは、なんでもないように思われるけど、私から見ればすごく大きい。ノックがうまいか、下手かでチームはすごく変わってきます。1人の人間でチームを変えることができますからね。ノックを見ただけで、このチームは強いか弱いか、わかっとる監督さんかどうか、気をつけなきゃいけんチームかどうかわかります」

この考え方は、人に見せる練習のときも同じだ。

「甲子園練習なんか、ええ格好したいんですよ。報道関係も多いですから。バッティング練習は打ちやすい球を投げるピッチャーを連れて行ってガンガン打って、ノックはやさしいところに打ってれば、報道の人たちは『すごいですね。守備もいいし、バッティングもいいし』と言うんです。最初はそれで喜ぶ。でも、試合になったら全然違うんですよ。捕りづらいところにボールが来るし、打ちづらいところにボールが来る。だから難しいノックを打って、打ちづらいボールを投げる。そうすれば、試合になったら少々おかしいことがあってもきちんとできるんですよ。甲子園で勝つ経験をしとる人は、最初にええ格好してもええことないとわかってます。甲子園に行ってない人は、やさしいことをやったほうがええじゃないですかと言うんです。県大会を見ても、ノックでサードに簡単な三遊間から打って、調子よくノックしとる人はたいしたことないと思いますからね。難しいことをすれば選手は嫌がるかもわからんが、試合になったら楽になるんです」

もう一つ、ノックに関して迫田監督ならではの考えがある。

「試合前に7分ノックをしたら、だいたいエラーするヤツは決まっとるんですよ。だいたい3人ですね。今日はエラー3個ですといったら、こいつは捕球のエラー、こいつは送球のエラーとわかるぐらいはっきりしとる。だから、その3人は徹底して個人ノックを受けにゃいけんのですよ。そうやって、その次のときにエラーをなくせばええんです。エラーをなくしたらチームというのはパッと上がってくるんです。問題は3人なのに、指導者はどうしても全員をもっとよくしようと思うんです。全員をよくしようとしたら3人以外の選手も入ってきます。それは違う。3人は他のことをせずに徹底的にノックを受けなさいということです」

守備において、もっとも困るのは打ち取った打球をエラーすること。ファインプレーをしたり、驚くようなうまさはなくても、最低限、取れるアウトを取れさえすればいい。そのためには、もともと守れる選手よりも、守れない選手を守れるようにすることが大事。全員が同じことをするのではなく、だれに時間をかけるのか。守備で崩れないチームにするには、選択と集中が必要なのだ。

法則 16 重視するのは二死三塁の内野守備

なぜ、打ち取った打球を確実にアウトにすることが大事なのか。それは、投手の心理に大きく影響するからだ。アウトと思った打球でミスをされるダメージは、クリーンヒットを打たれるよりも大きいといっていい。その意味で、迫田監督が重視するのは二死三塁での内野守備だ。

「ランナーが三塁におって、捕って殺すいうのは、一番難しいんですよ。これができ出したらOKなんです。こういうとき、ファインプレーで捕ってくれというのはない。これは、打たれたピッチャーが悪いと思わないけんですよ。それよりも、確実に打ち取ってる打球を絶対にアウトにする練習をせないけんです。えてして、すごい当たりを捕る練習をして、平凡な打球を雑にするんですね。雑にしとるだけに、ランナーを三塁に置いたら怖いんです」

もう一つ、忘れてはいけないのがポテンヒットを阻止する練習だ。

「フライだったら、ファーストとサードの斜め後ろが一番難しいんですよね。これはファウルだからまだええんですが。金属バットになって、今はセンター、ショート、セカンドの3つを結んだ間のテキサスヒットが多いんですよ。理由の一つには、そこへ打球が飛んだとき、野手がどう行ったら一番速いのかという方向をわかっとらんことがあります。知るにはノックをせないけんのに、そこへノックをせんのですよ。3つを結ぶ地点に○を描いて、そこへ打つぐらいしないといけない。それをくり返すことで、こう走ればええんじゃとわかる。そうやって追いかける道を教えることが絶対に必要なんです。それを捕れるようになれば、相手チームがその打球を捕れるかどうかで、うまいかうまくないかわかります。ただノックをすればええんじゃない。そこへ打てるかどうかです」

ちなみに、ここにフライが上がると、セカンド、ショートともに打球を追って二塁ベースががらあきになることがある。そうなれば、ヒットになった場合、打者走者に二塁進塁を許すことになる。セカンド、ショートが不在ならば、投手がベースカバーに入る。走者が三塁にいて、投手が本塁へバックアップに行くケースはファーストがベースカバーに入る。ノックのときからこの確認をしておかないと、ポテンヒットが二塁打になってしまう。特にノックの場合は投手を入れないでやることが多いため、投手のベースカバーは忘れがち。ぜひ準備と確認のＪＫをしてもらいたい。

法則17 試合につながる練習にする

練習のための練習はしない。試合につながる練習をする。当たり前のことだが、高校生はなかなかそれがわからない。あるとき、1年生からティー打撃をやり続けて打撃力が上がった選手がいた。努力を評価して試合に起用したらヒットを打った。ところが、普段は打撃練習しかしていないため、外野の守備ができない。試合でエラーをしたため、迫田監督は守備練習を命じた。

「守備練習をしなさいと言うたら、フライしか練習してないんですよ。外野の守備といったら、フライしかないと思うとる。フライしか捕ってませんから、中国大会でゴロが来たらトンネルです」

少し考えればわかりそうなものだが、わからないのが高校生。こんな例はいくつもある。

「キャッチャーでも、気をつけんとキャッチングをせんと投げる練習ばっかりするんですよ。肩が強いからええボールを投げる。でも、試合になったらボールを捕らにゃいけんのですよ。目の前でバットを振られたらボールを落とすんです。だから、盗塁されるんです。『お前はそれじゃあ使えん。バッターにバットを振ってもらって捕る練習をして投げなさい』と。ところが、見とるときはやっても、見てないとやらない。『僕は肩がええ』と言いますけど、試合いうんはそうじゃない。試合では他のことがあるからその準備をせにゃいけんのです。それがわかるまで、ものすごく時間がかかるんです」

試合では走者を助けようと、わざとタイミングを遅らせてスイングする打者もいる。内角球が来れば送球しづらい。それらは、打者がいないと練習できない。もちろん、マスクをかぶっていれば投げにくいが、練習となるとマスクをしていない選手もいる。これでは、到底試合につながる練習とはいえない。いくら肩が強くても、試合でアウトにできなければ意味がない。いかに試合につながる練習にするか。面倒くさくても、指導者が見て、根気強く言わなければ高校生は気づかない、すぐに楽をする。同じ練習時間でも濃い時間にできるかどうか。これを考えなければいけない。

法則18 守備のうまい選手のグラブを使うとエラーが減る

時代が変わった。豊かになったことで、大事なことが忘れられている。

その一つが、道具の大切さだ。迫田監督は、最近の子は手入れをしないと嘆く。

「今はグラブがええんですよ。小さい頃からいいグラブを使ってるんです。キューバなんかグラブがないから板にひもをつけてグラブ代わりにしている。道具の性能に頼らないからうまくなるんですね。ところが、ええグラブを使ってると、手入れすることもない。自分のグラブがええか悪いかわからんヤツが多いんです。私から見て、『このグラブじゃ捕れん』と言うてもわからんのですね」

それをわからせるために、他の選手のグラブを使って練習させることもある。そうすると、不思議なことに守備のうまい選手のグラブを使うとエラーが減り、守備が下手な選手のグラブを使うとエラーが増える。うまい選手のグラブは、〝型〟がいいから使いやすいのだ。

「だから、わからないけんよと。私が、このグラブはええ、このグラブは悪いと言うんじゃダメなんじゃと。お前らが、あいつのはええ、こいつのは悪いとわかって初めて、こういうグラブを使わないけんのじゃということがわかるんです」

グラブがよくなったことの弊害は他にもある。多少、捕り方が悪くても捕れてしまうのだ。そのせいで工夫をしなくなる。

「シングルハンドで捕らにゃいけんときもあるんです。両手で捕れと教えられたら、両手で捕れんところまで両手で捕りにいくんですね。ダブルプレーのとき、ショートの送球をセカンドはシングルで捕らにゃいけんことがあるんです。だから、どこが両手で、どこがシングルで捕るのかという練習をしなさいと。それぞれボールを捕る位置が違うわけですから、それをわからにゃいけんのに、同じところで捕ろうとするんです。痛いのは嫌だから、網で捕ろうとする。そしたらやっぱり難しいですよね」

すべて両手で捕ろうとするのは、ある意味マジメだともいえる。だが、マジメばかりで応用がない選手は試合では使えない。

「結局、みんな教えられたことだけは一生懸命やるけど、自分で考えようというのがないんです。それがないから、どうしても他人を批判できんのですね。他人の批判をするのは悪いことじゃない。お前の捕り方が悪いというのは、自分で考えたり、観察していないと言えないんですから」

言われたことはやるが、言われたこと以上のことはやらないのが現代の子ども。だが、その域から脱しない限り、大きく成長することはない。指導者はそれをわかったうえで、いろいろな角度からアプローチをすることが必要になる。

法則19 右投げ左打ちは、プロでもスローイングが悪くなりやすい

時代が変わったことで選手の体格がよくなり、身体能力も上がった。それによって基本を忘れがちになる。迫田監督は毎年プロ野球のキャンプを視察するが、近年はこんな感想を持っている。

「キャッチボールがものすごく悪いですね。肩は強いけど、内野手には見えんような球を投げている選手もいる。投げるのが難しくなってきたいうのは、一つは右投げ左打ちが多くなったことがあると思います」

メジャーで活躍したイチロー、松井秀喜の影響もあり、高校野球でもここ20年ぐらいで右投げ左打ちの選手が飛躍的に増えた。07年夏の甲子園に出場した花巻東はスタメンの9人中7人が右投げ左打ち（両打ち1人含む）だったほどだ。

「右で投げとっても、打つときは左足が軸になるんですよ。（逆の動きになるため）だからどうしてもスローイングが悪くなる。10人中8人は悪いですよ。メジャーにも行った有名な選手が

プロに入ったとき、ずっとコーチがノックを打ってましたけど、見ていたら（投げる際に軸足になる）右足が（送球する塁に）直角にならんのです。まっすぐ入るんですよ。こうなると、どうしても腰の回転が早かったり、遅かったりして送球がシュートやスライダーになるんです。この選手は肩が強いだけにそれでも投げれてしまうから難しい。外野だったら、ベース上にピンポイントで投げる機会が多くないので、少々ずれてもええんですけどね。だから私は、内野手の右足の入りはものすごくうるさいです。そういうことをわからずに投げてる子が多いんですよ」

送球するとき、投げる方向へ向かって軸足を直角に向けるのは基本中の基本。これにより、しっかりと投げる方向に左肩が向くため、送球がぶれにくくなる。プロでもこれができなければ、外野に回されてしまう。高校生ならば、キャッチボールのときに1球1球確認することが必要だ。指導者にとっては面倒だが、ここを見落とすと大変なことになる。

もう一つ、スローイングが悪くなっている原因として、迫田監督は少年野球の影響もあると言う。

「どうしても早く投げさせたくなるのか、教える人がノーバン（ノーバウンド）で放れと言うんです。私だったら、投げれん子はファーストの前に円を描いて、そこへワンバンでもツーバンでもいいから放れと言います。それでいい具合に投げれるようになったら、徐々にワンバン、ノーバンとファーストに近づけていくように放れと言いますね。そうやっていれば、力がついて投げれるようになったらフォームが乱れない。少年野球の場合は指が短いので、ボールを握るのに全部の指で握らないといけない。そうなると投げ方も悪うなるんです。高校に入って、これを直すにはすごく時間がかかる」

子どものうちは、どうしても見栄えを気にする。成長が早く身体が大きい子がノーバウンドで投げていると、ワンバウンドでしか届かない子は格好悪いと感じてしまう。それを指導者が違うと言ってあげられるか。成長の度合いによって要求レベルを変えてあげないと、悪いフォームやクセがついてしまう。格好いい、悪いという価値観ではなく、しっかりと基本を教えてあげられるか。これもまた守備を鍛えるには大事なことなのだ。

法則20 ノックの送球でバッティングフォームができてくる

スローイングといえば、迫田監督がこだわっていることがある。ノックのときには、必ず送球までやるということだ。指導者によっては寒い日などに捕球までしかやらせない人もいるが、迫田監督はそうしない。

「どういうことかといったら、右投げ右打ちの場合、捕って投げるときの姿勢はバッターの構えになるんですよ。スローイングが悪い人はバッティングも悪いんです。スローイングが悪い人は右手のトップが決まらんのです」

軸足に乗せてトップをつくるのは送球も打撃も同じ。共通する動作だからこそ、守備練習が打撃練習にもなるという考えだ。

「長嶋（茂雄）さんは打撃の調子が悪いときにキャッチボール（守備練習）をしたそうです。自分が思うところへボールを投げられたらOKとなるんでしょう。そういうことを考えても、ノックでボールを捕るだけではダメです。投げなきゃいけません。投げることによってバッティングフォームができてきます。それが右投げ左打ちは難しい。左バッターでよくなるほど右のスローイングがおかしくなる。そこらがわかったうえで教えたら、本人も納得いってできるんですが。ええ加減でも投げれればええと思ってやってたら、いつまでたっても上手にならんですね」

法則21 ラインを引いて行うキャッチボールでスローイングがよくなる

スローイングをよくするために、迫田監督がやらせる練習法がある。

一つは、ラインを引いての2人組キャッチボール（図1）。20メートルのラインを引き、1人はラインの右側に、もう1人はラインの左側に立つ。相手との間にやや角度をつけた状態からサイドスローで投げるのだ。

「これでシュートしたらダメなんです。シュートしないで投げれるようになったらいいスローイングになってる証拠。まっすぐ投げれるようになったら、手首の使い方がすごく上手になります」

これができるようになったら、次はこんな練習をする。三遊間の深い位置から、ファーストへ山なりの高いボールを投げるのだ。イメージとしては、離れた場所にあるゴミ箱にゴミを投げ入れる感じだろうか。

「これは感覚でパッと投げないといけないんです。これが投げれたら、今度はショートの前で捕ってのスナップスローができるようになります」

78歳の迫田監督の経験に基づく練習法。ぜひ試してみてもらいたい。

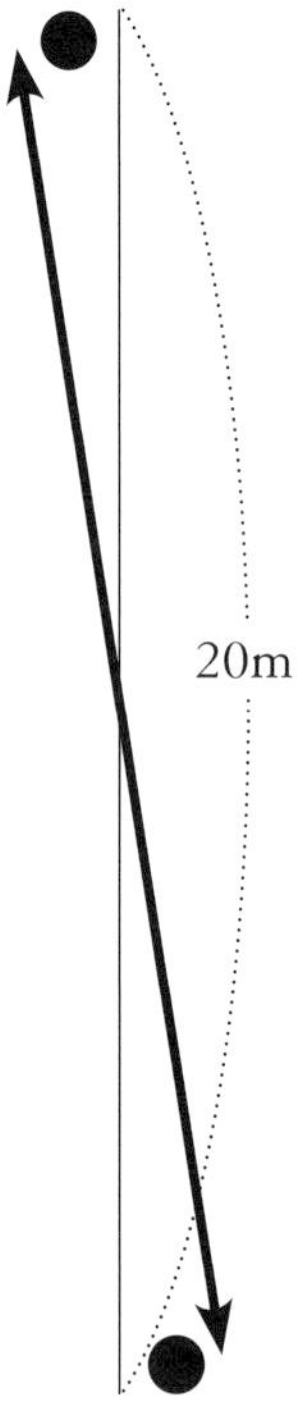

図1　ラインを引いてのキャッチボール

法則 22

練習の工夫で低めの送球の捕球ミスをなくす

工夫しない、応用がないことによって増えてきたことがある。

それは、野手の低めの送球の捕球ミスだ。近年は甲子園でもかなり目にするようになった。毎年、解説者として甲子園を訪れる迫田監督もその多さを実感している。

「負けるチームを見ていたら、外野からの返球が低めにくるとカットマンが落とすんですよ。中継が乱れるのは高めじゃないです、低めです。バチンと捕るのが嫌なんですね。だから私は『(捕球時に) 音がするキャッチボールをしなさい。音がしないとダメですよ』と言います。『この音はええ音です。悪い音です』と音を聞かせたりしますね。そこらをやって、初めて低めのボールを捕れるようになってくる。小学校、中学校でやってきたままでやったら低めがものすごく下手です」

目に近い高めの球は比較的ミスが少ないが、目から遠くなる低めの球はミスが起きやすい。中継プレーでは、ワンバウンドなど低めの送球が来るとポロッと落としたり、グラブに当てながら捕れずにボールが転々としたりする場面が目立つ。通常のキャッチボールは相手の胸へ投げるように教わるが、あえて低めに投げるキャッチボールもこの種のミスの対策として必要になってくる。

「ウチはボール回しをするとき、本塁→三塁→二塁→一塁→本塁→一塁→二塁→三塁→本塁と回して10秒台でいけるようになったら甲子園で通用します、11秒台なら甲子園にやっと出るぐらいですと言っています。ところが、これだけをやると低めの球が少のうなるんでダメなんですよ。だから、あえてサードは前に来なさい、セカンドは後ろに行きなさい、ファーストは前に出なさいと四角形を変形させるようにしました（図2）。こうするとボールが低めに行ったりするんです。低めに行ったときに、音を出して捕れるかというたら難しいですね」

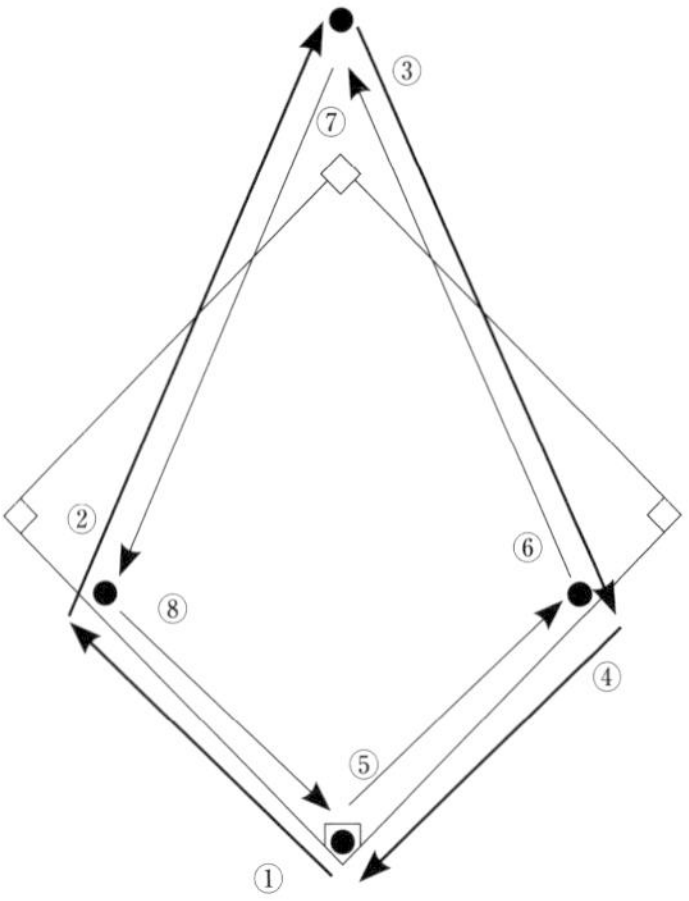

図2　変形ボール回しの例

塁間は27・431メートルと決まっている。毎回同じ距離を投げていれば、慣れてくるし、感覚もつかめるため相手が捕りやすい場所へ投げられるようになってくる。ところが、三塁に投げるときは近く、二塁に投げるときは遠くと変われば、送球の感覚も狂うため一定の送球はしづらい。あえてストライク送球が来ないように設定して練習するのだ。

「同じ距離ばっかりだと緊張感がないボールになります。ちょっと出たり、入ったりするだけで違うてきますね」

どんなミスが多いのか。起きやすいミスから逆算して、やるべきことを考える。これが試合につながる練習。少し工夫すれば、いくらでも試合を想定した練習に変化させることができる。選手に考えることを要求するなら、指導者もよりよい練習になるよう、考えなければいけない。

法則23 練習は意味や意図を理解してくり返す

なぜ、くり返し練習するのか。

それは、基本を覚えるためだ。かたちや動きを意識しているうちは身体は動かない。自然に動くようになるまで反復練習をする必要がある。

迫田監督は守備の基本姿勢を135度と説く。

「右足をちょっと開き、左足をちょっと開き、その角度が135度。これがお相撲さんの仕切りの基本なんですね。この角度だと、170~180キロの体重で飛んだり、前に出たりと動ける。この角度だと人を乗せることもできますが、角度を変えるとダメになります。守備でパッと捕ったときに、この角度になってることが理想ですね」

こういう説明をすると、「135度にしなければいけない」とMUST思考に陥る人がいるが、そうではない。あくまで基本形、理想として覚えておくことが大事。何事も基本を知っているのと知らないのとでは大きな差が出てくる。

「絶えず自分で調べなさいと。上に乗ってみてもらって、『コケるわ。角度が悪かった』などと感じながら、パッと自然に正しいかたちができるように身体に覚えさせるんです」

そうやって、考えずに、意識せずにできるようになるまでくり返すのだ。

「個人ノックでも同じです。最初は元気ええからダーッと行きますけど、10本やってしんどうなったら、本能的に最短距離を走るようになる。それがゲームの中で出るようになるまで覚えさすためにやりよるんです。疲れさすためにやりよるんじゃない。プロでもキャッチャーがバント処理のときに左側から回る、右側から回る、まっすぐ行く場合の足の使い方、コースを練習しますからね。それと同じで、野手もここへ行ったらどういう走り方をして、どう向けばボールが捕りやすいか覚える。基本を一生懸命練習するから、ミスしてもその次に動けるんです。やる意味をわからずに何本もやっても、いい加減になるだけで、いつまでも上手にならんですね」

なぜ、この練習をするのか。意味や意図を理解してやることが大事。同じことをやるのでも、意味もわからずにやるのでは、マイナスになることもある。例えば、最近多いのはこんなことだ。

「今の子はフライを追いかけるとき、ボールを見ながら捕りに行くんです。目を切れんのです。原因の一つは東京ドームです。東京ドームは天井が白い。白いと見づらいんですよ。だから、『オレが捕る』と捕る者が腕を回しだした。これが合図になって周りの者が任すようになったんです。ところが、テレビで見た子が、それがフライを捕ることなんじゃと思うて手を回すんです。違うんじゃと言うんですけどね」

これには小学校、中学校の指導者も大きく影響している。甲子園常連の強豪校の選手でも、センター正面の定位置のフライで手を挙げる選手がいるからだ。迫田監督の説明した理由を勘違いして、指導者がフライを捕るときは必ず手を挙げるように指導する。「なんのためか?」を理解していない証拠だ。指導者も、選手も、「なぜ」を考えたうえで反復練習する。これを忘れてはいけない。

法則24　練習メニューを自分で考えてクリアする

できなければ、練習するしかない。

中学時代に投手だった迫田監督は、高校入学後、外野手に転向。ところが、ノックを受けても、まったくフライが捕れなかった。

「監督の打つボールは伸びるんですが、どうやっても自分は前へ出るんですよ。これはいけんわと。下手なのに試合に出てエラーしたらみんなに迷惑をかける。捕れなかったら申し訳ない。とにかく捕ることぐらいはできんといけんじゃろうと」

帰宅後、家の近所の神社で自主練習を始めた。正面を向いて構え、右足を身体の後ろに一歩引いて、そこから後ろに10メートル走る。止まったら右足で支えて夜空の月を見る。その際に月が揺れずに見えれば合格。月が揺れたら不合格。これを毎日くり返した。

「右足を引くか、左足を引くかなんですが、私は右足を引いたほうが早うスタートが切れるんです。月が揺らいだときは止まり方が悪いんです。そういうことを自分で考えてやりましたね」

そして、10月。練習で外野を守っているときに、校舎の窓ガラスに当たりそうな打球を背走して捕れたのだ。初めてできたファインプレーだった。それを見ていた監督が、「サコ、どうしたんや」と驚くプレーだった。

「練習いうんは、一回ファインプレーができなきゃいけんのですよ。一回ファインプレーができたら、次から続けることができるんです。練習いうのは、何時間やったからええんじゃないんです。うまくなったら、結果としてファインプレーが出るんです。ファインプレーが出たら、今度は身体が自由に動くようになるんです。それができんうちはまだまだということです」

今から60年も前のことだが、はっきりと覚えているのには理由がある。それは、人から言われてやった、やらされた練習ではないということだ。神社で1人、何度も何度も後ろへ走っているのを見れば、周りの人は「あいつは何をやっているんだ?」と思うだろう。実際に打球が来るわけではなく、あくまでイメージの練習だからだ。だが、迫田監督はそれを楽しんでいた。「月が揺れなかったらOK」と合格基準を設定し、月がはっきり見えるたびに心の中でガッツポーズをした。自分で作ったゲームをクリアしていくイメージ。だから継続できたし、発見があったし、うまくなったのだ。

今は、練習メニューは与えられるものになっている。自分で考える、工夫する習慣がない。迫田監督自身、それを実感させられた経験がある。孫が小学生の頃、三角ベースで遊んでいたときのことだ。

「『今から、捕った人が打つようにしよう』と孫に言ったんです。賢い子は小さい子がバッターだと前に出るんです。打てる子がバッターなら後ろに守るんです。ウチの子は真ん中のだれもおらんところにおって、来たボールが入るのを待つだけ。捕りに行くんじゃないんですよ。それは、おもしろくもないし、野球やってもうまくならんよと」

それを見た迫田監督は、孫に野球はやらないように勧めた。

「選手にも言うんですよ。同じやるんだったら楽しくやらないかんと。その楽しくいうのは、どうしたら人より多く捕れるかとか、どこへ守ったらこいつはどう打ってくるかとか、多少でも考えながらやるということ。ただ打って、守って、投げてということをしとったら、いいことはない。私は成績がいいわけじゃなかったけど、こと野球に関しては、こうしたらいい、ああしたらいいとものすごく考えながらやりよったし、それが楽しかった。野球の頭と勉強の頭とは違う。自分で工夫することができるのが野球で、答えを出さないけんのが勉強。もちろん野球も答えを出さないけんのじゃけど、自分がやろうとしてることを試すこともできるし、楽しさはある。その楽しさを見つけることが一番で、楽しくないのに我慢してやってもうまくならんですね」

今の高校生は、人に言われたことをやるだけ。自分でゲームを作ることができない。たとえそのゲームが周りから見て多少おかしなものであっても、自分で考え、自分で工夫したことというのは、人から言われてやることよりも何倍も効果がある。野球に限らず、そうやって自分で作ったゲームをクリアしていくことが、小さな成功体験となり、成長につながっていく。小さなことでも地道にコツコツやれるかどうか。それが人生を決めることにつながる。

第3章
人間をつくる、心を磨く

法則 25 極端な経験が自信をくれる

真剣刃渡り――。

広島商では伝説となっている精神鍛練法だ。1920～30年代にかけ、広商を四度の日本一に導いた石本秀一（のちにプロ野球・大阪タイガースや広島カープなどで監督を歴任）が取り入れたもので、当時の選手だった鶴岡一人（元南海監督）らも経験している。石本監督退任後はしばらく取りやめになっていたが、迫田監督が復活させた。

「当時の校長先生から『どうも精神的に弱いんじゃないか。刃渡りをやったらどうか』と。校長先生の妹が合気道の師範だったこともあってやることになりました」

かつては文字通り刃渡りをしたようだが、迫田監督のときはそこまではしていない。地面に置かれた台の上に大刀と小刀を置き、人の肩を持ちながら乗るというものだった。

「20～30センチの高さから刀の上に大根やにんじんを落とすとスパッと切れるんです。『よう磨いてきましたから、最初の人は気をつけて上がってください』なんて師範に言われるんです。そうかと思えば、『後に乗る人は前の人の脂がつきますからよう滑ります。気をつけてください』

と」

とんでもない大ケガをするかもしれない。その恐怖に勝つためには準備が必要だった。やるのは腹式呼吸。これを2時間くり返して、雑念を消し、「無」になるのが目的だった。

「私も一緒に2時間やってるんですけど、とうてい2時間に思えんのですよ。『そろそろやりましょうか』と言われたときは『もうやるんですか』と。30分ぐらいにしか感じんのです。刀の上に上がるということになって、『もし切れたらいけん』と思ったらやっぱり必死ですよ。私は、そのとき初めて〝無〟になることがあるとわかりました。高校生のとき、2泊3日で座禅を組みに行ったことがあるんです。学校でも30分座禅を組んだりしたんですが、座禅を組んでも無にはならんのです。なる人はよっぽど修行しとる人。学校のグラウンドはラジオが聞こえるんですよね。私は、歌謡曲がかかると『この曲は3分じゃけえ、あと6曲か』とか考えてましたから（笑）」

経験したことのないものに挑む恐怖は半端ではない。校長は2時間の腹式呼吸に参加しながら「切れたらいけん」と言って辞退。恰幅のよかった部長は、刃渡りの1週間前からダイエットのために自宅から学校まで5キロの道のりを歩いて往復した。歩いたせいで食欲が増し、逆に体重が増えて困っていたが……。

実際に刀の上に乗るのは2〜3分。その後、2時間は足の裏に刀の跡が残ったが、血は出なかったという。

「思い出して、今でも気持ちようないですね。野球の監督をやめとる時期に刃渡りの話を聞かれたら、話すだけですごく緊張しました。鳥肌が立つんですよね。それぐらいでした。刃渡りをした日は、終わってから練習したんですが、ノックをしたらフライはほとんど捕れませんでしたね。難しくない普通のフライなのに5割は捕れない。刃渡りに集中しすぎて、抜け殻状態なんです。練習はやめましたね」

人間の集中力はそう長くは続かない。極限まで集中したことで、反動が来てしまったのだ。それほどまで壮絶だったということだろう。今の時代なら学校からも親からも間違いなくクレームが来る危険な練習法だが、これを乗り越えたことが広島商ナインの心を強くしたのは間違いない。刃渡りの儀式を経験した選手たちは、甲子園で春準優勝、夏優勝。夏の甲子園決勝で冷静にスリーバントスクイズを成功させる一因には、恐怖に打ち勝つことで得た自信があった。

「これをやったから強くなるということではないんです。自分たちはいろんなことをやった、できんと思うたことができた、われわれはやったんだという思いが大きいと思います」

極端な経験をさせることで「オレたちはどこにも負けないことをやってきた」という自信が生まれ、それが精神的アドバンテージになる。現代ではマネできない練習法だが、応用して考えることができれば、同じように自信を得ることはできるはずだ。

法則26 腹式呼吸で精神集中する

刃渡りによる精神集中に代表されるように、迫田野球は合気道野球だ。

合気道の師範・住田芳寿に指導を仰ぎ、メンタル面だけでなく、身体の使い方なども学んだ。近年は高校野球でも専門のトレーナーやメンタルコーチを置くことが珍しくないが、昭和40年代にそんなことをした監督は他にいないだろう。精神面の重要さを感じたのは、71年のことだった。その年の広島商は強かった。前年秋から県内では33連勝。春の中国大会も優勝した。「全国優勝するんだ」と一般にはめったに貸し出さない甲子園球場を借り、練習試合をやった。だが、この代では甲子園に出られなかった。秋は中国大会で日没にも泣かされて敗退。33連勝で臨んだ71年の夏は34戦目で広陵に2対4で敗れた。

「それまでの私は、勝つことしかなかったんです。勝つことばっかり考えよったんです。負けたことで、最終的には人間、人物をつくらないとダメだと感じた。それからすごくよくなったんじゃないですかね」

精神集中の練習の一環として、主に合宿の夜に行う〝感謝の行〟というものがあった。一本のろうそくを灯し、腹式呼吸をしながら心を落ち着かせる。両親には「ここまで育ててくれてありがとうございます」、野球部の仲間にも「ありがとう」と感謝の気持ちをささげ、無になるのが目的だ。そこから投手はシャドーピッチング、打者は素振りをする。打者は9回二死、カウント2ストライク。あと1球と追い込まれた場面から塁に出る気持ちでスイングをする。ろうそくが消えるまで続け、最後は身を減らして人を照らしてくれたろうそくに「ありがとうございます」と感謝して行は終わる。

「住田先生から『これは忍者が手裏剣を練習するときにやったんじゃ。集中力を鍛えるのには一番ええから』ということでやりました。ろうそくしか見えなければ、他に気が散らんからということですね。それを選手もよくわかって練習してくれました」

甲子園では試合前のシートノック終了後、グラウンド整備をしている間に腹式呼吸で精神集中を図った。これをすると冷静になって、満員の観客の中、小さな話し声でも聞きとることができるほどだったという。合気道に裏づけられた集中力こそが、広島商の武器だった。

法則27 相手にプレッシャーを与えて負けパターンに追い込む

「サコ、そのパットは絶対入らんぞ。お前はそれ外すわ。まぁ、パーやな」

28歳で監督になったとき。広商の先輩で当時南海で監督を務めていた鶴岡一人とゴルフをしていた際にかけられた言葉だ。ショートホールでピンそば2メートルにつけたときのことだった。

「思い出すと、いまだに腹立ちますね（笑）。ナンボ先輩やいうても失礼じゃろ。何が外すや。絶対入れたると思いました」

パットを沈め、ざまあみろという気持ちで鶴岡のほうを見ると、こんなことを言われた。

「サコ、わかったか？　お前、わしが外す言うたから絶対入れたろう思うたやろ？　選手はそう使うんや」

この言葉に気づかされたことがある。

「鶴岡さんのようにプロの世界なら、豊富な戦力を駆使して勝ちパターンを作っていけばいい。自分がしっかりパットを入れれば勝てるんです。それに対して、高校野球では、選手が成長途上だからスキがある。私が甲子園の優勝戦で経験したように、どんな選手でもプレッシャーを感じているもんです。それなら、勝ちパターンを作るよりも、鶴岡さんが私に言ったことのように、相手にプレッシャーを与えて負けパターンに追い込んだほうが勝機は広がる。相手にパットを外させればいいんです」

迫田監督が勝つことよりも負けない野球を考えるようになったのはこの経験があるからだ。自分たちからは絶対に崩れず、相手が崩れるように仕向け、崩れるのを待つ野球。迫田野球が攻めよりも守り重視なのは、こんなところにも理由がある。

法則28 甲子園の優勝戦でサヨナラエラーをしても許してもらえる選手になる

「甲子園の優勝戦で1点リードの9回裏二死満塁、カウント3―2のつもりで練習しなさい」

「甲子園の優勝戦でサヨナラエラーをしても許してもらえる選手になれ」

迫田監督がくり返し選手たちに言っていた言葉だ。しつこく言ったのには、理由がある。迫田監督自身に苦い経験があるからだ。

迫田監督が高校3年生の夏。甲子園の決勝まで勝ち進み、法政二と対戦した。0対0で迎えた3回裏、広島商が走者を一塁に置くチャンスを迎える。そこで長打が出た。一塁ランナーは十分還れる打球だったが、三塁を回ったところで一度ストップ。その後、再スタートを切って生還したが、危ういプレーになった。原因は、三塁コーチャーを務めていた迫田監督にあった。

「優勝戦の先制点ですからね。必死に回したんですが、動きが小そうなって、ランナーが止まった。『違うんじゃ。ホームじゃ』と言ったけど伝わらなかったんです。その回に3点入ったけど、すぐコーチャーを代えられました。ベンチの中に入ったら、まったく野球を知らない部長までも『なんであの打球で止めるんだ』という顔をしている。だれも何も言わんけど、そういう雰囲気では言い訳もできんのですよ。ベンチに座って、『そうじゃないんだけど、まいったなぁ』と。ピッチャーのコントロールミスとか野手のエラーじゃないですからね。甲子園の優勝戦という大きな舞台のプレッシャーを肌で感じました。どんなに厳しい練習を積んできても、なかなか思うようにはプレーできない」

ただ腕を回すだけ。しかも、微妙なタイミングでもない。それなのに、なぜできなかったのか。

「結局、そういう経験、練習をしてないんですよ。甲子園の優勝戦をイメージしてやっていなかったということ。（点は入ると思って）ただ喜んでただけで、一生懸命回したけど、回らなかった。あの当時はプロ野球は監督が全部サードコーチャーなんですよ。水原（茂）さん、鶴岡（一人）さん、三原（脩）さん。テレビで見たら、ゆっくりしか回さんのですよ。やっぱりそうなんやと。私はそれがわからんかった。そんなことはだれも教えてくれんですからね」

この話は、これで終わりではない。優勝したものの、広島に戻ると、先輩の中には面と向かって「バカたれ。下手くそ」「キャプテンのくせに不細工な。度胸がないヤツだ」と言ってくる人もいた。

「この後、このことで5年間夢見るんですからね。監督に『違うんです。腕が回らんようになったんです』と言い訳しとる夢ですよ。この試合に負けとったら、私の広商監督はないですからね。それは、自分から『できません』と言いますよ。どんなに練習していたとしても、神様のいたずらでエラーすることはありますよね。だからこそ、ミスをしたときにみんなから『あいつがやったんならしょうがない』と言われる選手にならないといけんのです。そういう選手になっとったら、のちに野球ができることがあるけど、そうじゃなかったら野球ができんようになる。そういう選手になったらいけんよと」

迫田監督自身、勝ちはしたものの、心に深い傷を負った。指導者になってからも、この経験を忘れたことはない。

「私がわかったことは、なるべく選手に教えます。『お前がそういう失敗をしたことを生徒にさせたらいけんぞ。お前は5年夢見とるんぞ。将来まで夢に見ることをさせたらダメなんじゃ。だから厳しく怒らないけん』と神様が教えてくれたと思ってます。ふりかえれば、『お前は将来監督になるかもわからんから、失敗さすよ』と神様がやってくれたのかもしれません。今は悪いように思うことはまったくないです。プラス思考もええとこですけどね」

普段の練習でやっていることは必ず本番で出る。練習で気を抜いていて、試合では集中できるということはない。常に試合のつもりで、常に決勝戦の土壇場のつもりでやる。それぐらいの意識でやるからこそ、集中力が生まれ、うまくなる。周りからも認められる。たとえ「うるさい」と思われようと、大事なことは何度でも伝える。わかるまで伝える。自分がした失敗と同じ失敗は絶対に教え子にはさせない。その気持ちが指導者には欠かせないことなのだ。

法則29 上手になろうと思ったら野球の夢を見る

夢を見る。

迫田監督が見たのは苦い夢だったが、それでも見るのと見ないのとでは大違いだ。

「私は夢を見なさいと言うんです。野球の夢を見ないのはダメ」

如水館にこんな選手がいた。試合でエラーをして、その後志願して個人ノックを受けた。周りの選手も感心するほどだったが、次の日、二死三塁の場面でショートゴロをエラー。失点して負ける要因を作った。その後もまたノックを受けるが、ノックの量に比例して技術が向上したかというと、そうではなかった。

「いつまでたってもうまくならんのです。なんでかいうたら、野球の夢を見てないんです。私は甲子園でミスした夢を、勝ったのに5年も続けて見た。それぐらいの気持ちがないと、野球は上手にならんのです。だから、『上手になろう思うたら、野球の夢を見なさい』と」

迫田監督の知人で慶応大で野球をやっていた人がいる。この人は夜中の2時頃になると、失投して打たれて目が覚めることが何度もあるのだという。

「しょうがないからジャージを着て、1時間ぐらい散歩するそうです。そのままじっとしてたら、目が覚めて寝れないんだと。それがホントですよ。責任感というのはそれぐらいじゃなきゃいかんですよね」

部員を代表して試合に出る以上、責任感が必要だ。強いに越したことはない。迫田監督は試合前、選手に「緊張しとるか?」と聞くことがある。「緊張してます」と答えるとスタメンに起用される。その理由は、責任感があるから緊張する、責任感がないと緊張しないというものだ。

「金光（興二、73年夏優勝のキャプテン）なんか、遠征に行くと夜中の2時頃、みんなを起こすんです。『おーい、レフト！　バック、バック』とか寝言を言うんですね。夢の中で野球をやっとるんですよ。周りのみんなも『また金光や。あいつならしょうがない』と言ってました」

キャプテンとしての責任感。そして、勝ちたいという想いの強さ。四六時中、野球のことを考えているから夢を見る。どうすればうまくなるか、どうすればミスをしないか考えているから夢に出てくる。野球にかける想いが夢に表れるのだ。昔と違い、今は野球をやっていてもテレビの野球中継は観ない、野球の本は読まないという選手が増えた。それが迫田監督には物足りない。野球が大好きな野球小僧。そんな選手が1人でも多いチームが強いのだ。

法則30　勝っても、はしゃがない

勝っても、はしゃがない。

広島商では、はるか昔からこれを伝統にしている。

「広商に入ってすごいなと思ったのが、甲子園で優勝しても胴上げをせんということです。戦いうのは、いい相手といい試合ができたということ。それなのに、相手の前で『それ見たか』というて胴上げなんか絶対しちゃいかんん。まして高校生はアマチュアなんじゃから当たり前なんじゃと。もししたいんだったら、自分らだけしかいないところでやりなさいと。高校生として相手を思いやって野球をする。これは私が如水館に来ても言っています」

胴上げについては、迫田監督自身、嫌な経験をしている。73年センバツの決勝・横浜戦の後。横浜の選手たちが広商の選手たちの目の前で胴上げをしたのだ。優勝してうれしいのは理解できる。だが、前日、怪物・江川卓の作新学院を破った選手たちは達成感や極度の緊張から放たれたことで、抜け殻のようになっていた。

「江川に勝ったのに、横浜が胴上げするのを見たら、ウチの選手が悪かったというような感じになりましたよね」

その夏の甲子園では決勝で静岡にサヨナラ勝ち。サヨナラのホームインをした楠原基ら2人の選手が思わずガッツポーズをしたが、畠山圭司部長に「静岡高校に失礼だろう！」と怒鳴られている。

勝ってもはしゃがない。これが広商の伝統であり、プライド。それが強さの源にもなっていたといっていい。だが、近年はこの伝統も廃れてしまった。広商ＯＢの指導者が他校を率いて県大会優勝したときに胴上げをしたのだ。

「そこには広商のものの考え方は入ってないんですよ。そうなってるから今の広商で勝とう思ったら難しいんやと。高校野球はこういうものなんだと教えないといけない。きちっとした広商の考え方をできる人が今はもう少ないんですよね」

相手を敬う心、相手の心情を慮る心。これがプライドや伝統となり、目に見えない強さを生む。相手があるからこそ、試合ができる。これを忘れてはいけない。

法則 31 感謝を行動で表す

最近の高校生はすぐに感謝という言葉を口にする。だが、本当に感謝の気持ちがあるかは行動を見なければわからない。「親に感謝してます」と言いながら、スパイクの泥も落とさない、グラブも磨かない姿を見ると感謝の二文字が軽くなっているように感じる。

迫田監督は6歳のとき、原爆に遭っている。幸い自身は無事だったが、2歳だった弟を亡くした。小学4年時と中学2年時には、同級生が原爆症で亡くなった。健康で野球ができることがどれだけ幸せなことか。野球ができる環境があることがどれだけ恵まれていることか。肌で感じている。だから、感謝の心は大切にしている。

「私は年賀状なんかもうるさいんですよ。生徒には『私、部長、コーチに書きなさい。これは礼儀です。エチケットです』と言います。それもできずに、『野球がんばります』とか『野球でこんなことをする』とか言うたって、そんなのは期待できません」

毎年、話はするが、選手にはなかなか伝わらない。キャプテンを務めた選手でも3年生になったら出してこない、卒業したら出してこないなどはよくあることだ。そういう選手でも、大学に行って主力選手になるとまたくるようになったりする。こんなところでも、心と行動が大きく関係していることがわかる。

「それがどれだけ大事なのかわからにゃいけんよと。お世話になった人にパッとあいさつできなんだら、それは野球をやった価値がないんじゃけ、よく考えてくれよと」

やんちゃだった選手でも、文字や文章を見れば成長が伝わる。それを見るのが迫田監督の楽しみでもある。感謝と口にするのはだれにでもできる。だが、感謝を行動で表すのはだれにでもできることではない。あいさつ、年賀状……。ほんの少しでも感謝が伝わる行動を取ってほしい。迫田監督はそう願っている。

法則32 初めての体験をさせる

体験が、宝になる。

かつて甲子園の決勝戦では、試合前にグラウンドで打撃練習できる時間が設けられていた。1973年の夏。決勝を前に、迫田監督は1年生から3年生まで81人の部員全員をグラウンドで練習させた。スタンドは7割が埋まっている。内野の守備位置には、サードに10人、ショートに10人、セカンドに10人、ファーストに10人の40人。それぞれの列の最後尾には1年生がいた。

「サードからノックしていくでしょ。ショートにいる20番目が必死で構えてますからね。そんなに必死で練習すれば、成果が絶対違うんですよね。たとえ捕らんでも、20番目でも、たくさんの人がいて構えてるだけでも、緊張感から何から全然違いますからね。その重大さがあるんです。そのときの1年生は2年後、甲子園のベスト4までいきましたからね」

あこがれの大甲子園。決勝戦前の独特の雰囲気。まっ白な服を着た観客で埋まるスタンド。まさに、その場でしか味わえないことだ。だれもができない経験をしたことで、選手たちのその後の取り組む姿勢が変わった。これが、のちの好成績につながったのだ。

また、試合でもないのに緊張している選手たちの姿を見ることは、レギュラー選手にもいい影響があった。

「レギュラーは（準優勝した）春に5試合やって、夏も（決勝に勝ち上がるまでに）5試合やって10試合経験してるから、そんなに練習しなくてもええんです。『レギュラーは楽にせえ。あいつらがどれだけ緊張してるか見てみぃ』と。レギュラーのヤツらは気分よう見てましたね。『お前ら緊張しとるのぉ』とか言いながらね。それが一つの自信、余裕になってゲームができる」

相手の静岡はセンバツには出場していない。甲子園の決勝も経験していない。初めての選手というのは、これだけ緊張するものだというのを控えの選手たちで目の当たりにして、レギュラー陣は心にゆとりができた。1回表を1四球のみで無難に守った広島商に対し、静岡は1回裏先頭打者のショートゴロを悪送球。経験の違いがメンタルの差となって表れ、広島商は初回に2点を先制した。

初めての体験をさせる。体験している者の強みを実感させる。心をコントロールしたことが、優勝そして2年後のベスト4進出へとつながった。

法則 33

ツキがあると思う人にツキが来る

運があると思っている人にしか、女神は振り向かない。

迫田監督は、いつも「ワシはツイとるんです」と言う。

「だって、中学3年のときに広商復活ですから」

広島商は1899年に創立。野球部は1924年夏の全国高校野球第10回大会で初優勝を果たすと、以後も29、30年に夏の大会連覇、30、31年に夏春連覇と全国でも強豪校として名を馳せていた。ところが、49年に広島県高等学校再編により学校が廃止。当時の職員と生徒は広島観音の商業科と広島基町の商業科に編入されている。それが、54年9月。広島観音の商業科と広島基町の商業科の1年生を合わせて再編されたのだ。

「野球が強い広商が復活すると聞いて入ったんです」

高校3年生だった57年夏にキャプテンとして全国優勝。73年夏は母校の監督として再び日本一。広島商監督退任後は現場を離れたが、93年に如水館の前身となる三原工の監督に就任。以後、如水館を率いて春1回、夏7回の甲子園出場。78歳になった今も監督を務めている。一生をかけて、好きな野球とかかわっていられる幸せを実感している。迫田監督は、選手たちに「運は一生懸命やる人間が好きなんだ。だから、一生懸命やれ」と説いている。一塁まで一生懸命走っていなければ、たとえ相手がエラーしてくれてもセーフにはならない。逆にいえば、一塁まで一生懸命走っているからこそ、相手がエラーするのだ。

「ツキいうのは、自分で持って来ないとないんですね。ツキのない人いうのは、最初から言いますよね。『ワシ、ツキないんじゃ』って。そうじゃない。ツキいうのは、自分でようなることを考えるからようなるんです。自分でこうなるじゃろうなと想像するから、それに近くなってくる。私はツキを否定するような考え方は絶対ないですから」

自分にはツキがある。そう思っているから、迫田監督はこんなことまでする。

「組み合わせ抽選でも、キャプテンに『ここを引きなさい』と言いますからね。私は自分の中で、一つのパターンを持ってるんです。なぜかといったら、私はそれで選手のときに甲子園で優勝してますから。それで（くじの結果が）悪かったら納得できるんです。夏の甲子園ではグラウンドで抽選をやるじゃないですか。みんなの前に出て、どうしようかと迷うのは絶対ダメなんですよ。平気でパッと引かないと強さにならないんです」

たかが抽選かもしれない。だが、迷わずに引くから強そうな雰囲気が出る。いいくじを引いても必然に見える。そこまで考えているのだ。「自分は運が強い」と言い切れるからこそ、ここまでできる。思い込みも確固たるものになる。

「ものを考えるとき、運の悪い人は、『少々よい』ぐらいではいけんのですよ。(前と比べたときに)ちょっとようなっとるではダメだと考えるんです。『ダメじゃ、ダメじゃ』ばっかり言うけど、私からすれば、それはようなっとるじゃないかと。もっとようならないけんと言ってるようではね、ツキは来ないです。自分の考え方をどこへ持ってくるかということですね」

少しよくなったことを前向きにとらえられるかどうか。「〜しか」ではなく「〜も」と考えられるか。コップに水が半分入っていたとして、「半分しか」と思うか、「半分も」と思えるか。これが、大きな分かれ目になる。運をつかめるかどうかは、考え方次第、とらえ方次第。ツキは転がり込むものではない。自らつかみ取るものなのだ。

1957年夏の甲子園、主将として広島商を優勝へと導いた

第4章
考える力を養う

野球を知らない選手が多い。

これが近年、高校野球を観ていての感想だ。体格が大きくなり、体力や筋力も上がった。技術や能力も上がった。道具もどんどんよくなっている。選手たちが発揮するパフォーマンスは上がったが、それと反比例するように頭を使ったプレーが減った。情報がこれだけ多い時代になぜそうなってしまっているのか。理由の一つは、指導者が教えないからだ。能力の高い選手をスカウトしてきて、身体づくりをすれば勝ててしまう。これでは、野球脳は育たない。

迫田監督は、就任以来、考える野球を続けてきた。選手たちに考えさせるために、あらゆることをやってきた。迫田監督は、どのようにして選手たちに野球を教えているのか。その方法を紹介したい。

法則34 あえて初回の先頭打者にフォアボールを出させる

ある程度チームに力がついてきたとき、強豪相手の練習試合などでやる方法だ。四球を出すといっても、敬遠ではない。ボール球はきわどいコースに投げるのがルール。しかも、カウント3―2にしてから四球を出すのが条件だ。

「相手が強いチームだったら、一番バッターがいいんですよね。ボールだったら待つし、ストライクだったら振ってくる。そういうバッターを相手に3―2からフォアボールを出そうと思ったら難しいですよ」

たいていの投手は成功するまでに四〜五回はかかるが、73年夏の甲子園優勝投手・佃正樹は一回目でできたという。

「だいたいは、やるたびに怒られるんですね。『だれが三振取れ言うた。フォアボール出せって言うたやないか』と。相手に見る力がないと難しいんです。『これはフォアボールが取れる』と思ったら待つからストライクが取れる。全日本で江川に関大相手にやらせたんですが、大学生もボール球を振るんですよ。どんな球でも振ってくるからダメなんです。結局、江川は0―2から4つウエストしました」

3―2に限らず、2ストライクになると打者は追い込まれる。そのため、多少のボール球には手を出してくる。ときには、明らかなボール球でさえ振ってくれることもある。

「必ずしも打ち取ろうと思って投げるボールがええとは限らないということです。ボール球を投げたのに相手が振ってくれてアウトになってくれることがある。それをわからないけんよと。0―2なら相手はヒットを打てると思うてきとらんのですよ。なのに、自分が一生懸命投げたら、金属バットはかえってヒットになる可能性が高いですよね。反対に、フォアボール出してもいいという投げ方をしたらバッターのほうが打ちづらいんです」

投手有利のカウントにもかかわらず、打たれるのはもったいない。この練習をすることで、追いこんでいれば、こんなにもボール球を振ってくれるものだとわかる。2ストライクにすることの大切さがわかると同時に、投手の優位さを実感することもできる。初回の先頭打者以外でもやってみる価値のある練習だ。

法則35 投手に盗塁を試みさせる

迫田監督が相手の投手に関して調べることがある。

「ピッチャーというのは、その人によって一塁ランナーがいると弱い、二塁ランナーがいると弱い、三塁ランナーがいると弱いという特徴があるんです。左ピッチャーでけん制がうまい人が、一塁ランナーのときはいいけど、二塁ランナーになったら全然ダメになったり、三塁ランナーになったらまたピシッと投げられたり。そういうことは試合の中で調べます」

当然、守備側からの視点でも考える。盗塁を阻止するためには捕手の肩の強さやスローイングのうまさだけではどうにもならない。投手のクイックが遅いなどスキがあれば盗まれてしまう。投手の協力があって初めて盗塁阻止という作業は成功する。

「それをわからせるためには、ピッチャーが自分で盗塁できるようになったら一番ええんですよ。自分が走れるようになったら、『オレはこういうときに走る』『ピッチャーはこういうときに油断する』とわかってくる。だから私は、ピッチャーに走れということをものすごく言いますね。練習試合なら、勝たないけんとかそんなのは全然ないですから」

法則 36　相手のサインを見破らせる

「昔はどっちが早いか競争しよったですからね。守っとるヤツが先か、ベンチが先か。相手のベンチで（サインを出す）監督に隠れられたら、こちらのベンチからは見えん場合がある。そのときは守っとるヤツらのほうが早くサインを見破れるんです」

相手のサインがわかれば、一気に試合を有利に運ぶことができる。迫田監督は、選手たちに、相手ベンチの監督を見てブロックサインを解読させるようにしている。その練習をするため、練習試合では、こんなことをやっていた。

「私は広商時代から監督としてベンチに入ることが少なかったんです。3年の二軍のヤツに監督をさせて、『自分でサインをつくりなさい。わしのサインを使うたらダメよ』と。出てない選手には『あいつがつくったサインを盗みなさい。どうして今そのサインを出したのか考えなさい』とサインを見破る練習をさせて、勉強さすんです」

これをくり返すことで選手たちは見破る能力を上げていった。

「ランナーが一塁に出たら、わかるんですよね。『相手が何をするかちょっと見てみなさい』と言うたら、守っとる内野手が相手ベンチを見ますから。3回までにフォアボールを二つでも出したら、選手がわかってくれますね。あるチームと練習試合をしたときに、相手は甲子園で活躍したチームなのに『あれはバントやな』『あれはエンドランやな』とわかった。『サインをメモしとけ。今は自由にさせないけんよ。もし甲子園で会うたら使おうや』と。これを選手たちが楽しみよったですね」

見破るために見るポイントはどこだろうか。

「リズムですよ。サインを出すにはリズムがあるんです。だから私は、迷ったようにゆっくりやったり、わざとリズムを変えて出します。それで相手がウエストしてきたら、『やっぱり見とるな』と確認できますから」

選手たちには、右手を見る係、左手を見る係、身体の中心を見る係の3人組を作らせ、担当部分をチェックさせる。どこを触ったときにどんなサインが出たかを記憶し、次に同じような場面が来たら該当部分を見てチェックさせた。

「あとは選手の動きを見なさいと。打席で早く目線を外す場合は、サインが出てることが多い。サインが出たから（目を切って）構えたんよと。そのうえで、何が来るか判断して動きなさいと。そこらが、自分でサインを出してみるとわかるんですね。サインを出すのが早いとか、遅いとか。性格的なものも出てきますから。見破るには、やっぱりいろんな経験じゃないですかね」

この練習が功を奏したのが、ある年の夏の広島大会だ。2対0で迎えた5回裏。先頭打者に四球を与えた無死一塁の場面だった。二番打者に対しての初球。捕手の宮本浩平は高めに外す球を要求した。打者は空振り。スタートを切っていた一塁走者はタッチアウト。最高のかたちで相手の反撃の芽を摘んだ。エンドランのサインを見破っていた背番号20の広延恵介が、ベンチから捕手に教えていた。

何度も練習して、見るポイントをつかむことが大事。観察眼は一朝一夕には身につかない。だからこそ、身につけたときは強力な武器になるのだ。

法則
37
別のポジションを経験させる

甲子園で春準優勝、夏優勝の73年のチームの正捕手は達川光男。のちに広島のレギュラー捕手として活躍する達川だが、実は一度、捕手をクビになる危機に陥っている。

「2年秋からキャッチャーで使うつもりだったけど、どうもちゃらんぽらんで。サードとか内野をやるタイプじゃないし、外野しか行かれん。外野ならレフトに行けと」

達川は秋の県大会から中国大会の準決勝まで15打数1安打と不振。甲子園に行くと、ベンチ入りは中国大会までの16人から14人に減る（当時）。迫田監督の頭には、達川を外す選択肢もあった。だが、中国大会決勝の松江商戦で好投手の中林千年相手に決勝のタイムリーを放つなど、3打席ともバットの芯でとらえたことで迫田監督の考えが変わった。

「1級下のキャッチャーを使ったんですが、肩は甲子園では通用せんなと。県大会、中国大会、甲子園とレベルがあるんですよ。そのレベルで使えるか使えんかなんですね。普通の監督さんは、県で通用したから甲子園でも通用すると全部いっしょにされるんですが違うんです。達川は甲子園で通用する肩は持ってる。打撃力もあるからと、キャッチャーに戻したら本人もすごく勉強した。キャッチャーはあせないけん、こうせないけんというのを外野で見とって、全然違うキャッチャーになったんですね」

別のポジションから一歩引いた目線で見ることによって、達川はいろいろと気づくことができた。

「それからです。野手を代えて、よそに行って勉強しなさいと言って帰らせる。悪くなるよりもよくなることのほうが多いですね。中には『僕はあそこを守りたくない』と言うヤツがおるんですが、そうじゃないんです。自分の守るポジションを見なさいと。ファーストで下手くそな子はショートに行ってみろ。ショートはものすごく動きが違うんだ。そこをできるようになったら、ファーストはものすごく楽よと」

第三者目線になるから冷静に見ることができる。離れることでわかることがあるのだ。

法則38 9回に回る打順まで考えさせる

野球は9回までである。特に甲子園であればコールドはない。負けていても、必ず9回まで攻撃ができる。だが、高校生はなかなかそういうことを考えられない。今現在のスコアに一喜一憂し、点差が開いてくるとあきらめてしまう選手もいる。迫田監督が悔やむのは2011年夏の準々決勝・関西戦。8回の先頭打者だった三番・金尾元樹の打席だ。2ボールと打者有利のカウントになりながら、ワンバウンドのボール球を振って三振。残り2イニングで2対8とリードされていたこともあり、迫田監督にはあきらめているように映った。

「これは全然やる気のない三振なんです。2ボールからワンバンを振って、もうあきらめとるんですよ。『違うんじゃ。ここでフォアボールでもええから出とったら、最終回のチャンスでお前に回ってくるんじゃ。なんでそれがわからんのよ』と怒ったんですが」

案の定、9回表は迫田監督の思っていた通りになった。2対8から1点を返し、なおも無死一、二塁のチャンス。だが、ここから1本が出ず、最後は二番のところに代打で出た北野友啓が三振。金尾はネクストバッターズサークルで試合終了を迎えた。

「あそこ（8回表）で出とったら三番まで回っとるんですよ。失敗でしたね」

たとえ点差が離れていても、その後を考えれば打順は一つでも回したほうがいい。たった一つの四死球が、最後の最後に活きてくることもある。27個のアウトのうち、無駄にしていいアウトなど一つもない。普段から常に選手に言い聞かせ、試合の中でも大事さを伝えることが必要。何も考えず、簡単にアウトになってしまうのが高校生。あとで後悔しないためにも、指揮官は言い続けなければいけない。

法則39 ベースカバーをわざと遅らせる

迫田監督が今でも鮮明に覚えている場面がある。1973年夏の広島大会決勝・崇徳戦。4対2とリードして迎えた9回表だった。連打で一死一、二塁とされ、七番打者の打球は三遊間へ緩いショートゴロ。ショートの金光は二塁に送球して二死。この後だった。一塁送球を予測してだれもがファーストを見たが、セカンドの川本は三塁へ送球。オーバーランしていた二塁走者をアウトにした。

「ウチの選手は整列に並んだんですが、崇徳は『なんで試合が終わったんや。ファーストはセーフじゃないか』と言ったんです。アウトになったランナーも『なんでアウト？　なんでここに投げた』というような感じです」

虚を突かれた相手が、スリーアウトになったのもわからないほど鮮やかな守備。このプレーには目に見えない技術が隠されている。

「サードはベースをあけるんです。ベースについていたらオーバーランが大きくないですからね。

わざと離れるんですよ。離れるだけオーバーランするんです」

セカンドが投げる瞬間にサードはベースカバーに入る。セカンドの川本はサードの浜中清次に投げるのではなく、浜中を信頼してサードベース上に投げるのだ。相当鍛えられていないとできないプレー。だからこそ、二塁走者は三塁へ投げてくることは予想できなかった。

「県の決勝の9回に、冷静に自分らでそういうことができるのはすごくうれしい。相手より一つ上の野球ができたということですからね」

もし教えていたとしても、甲子園まであと1人の場面でこのプレーを決めるのはかなり難しい。普段の練習で常に甲子園決勝、1点差、9回二死、カウント3―2を想定して守っていたからこそできたプレー。日々の鍛練に加え、どんな意識でやっていたかが土壇場で出るのだ。

法則40 触塁確認の習慣をつける

迫田監督の広島商時代はスモールベースボールが全盛の時代だった。どこも守備練習に力を入れていたが、迫田監督はこんなことをやらせていた。

「新チームになって10月までは徹底してインサイドベースボールです。ランナーをつけてノック。

そのときに『ランナーはノーベースをしなさい。野手はノーベースをしたら言いなさい。野手が気づかなんだらダメですよ』と。これは徹底してやりました」

ノーベースとは、走者が塁を踏まないで通過すること。当たり前にやらなければいけないことだが、おろそかになっていることが多い。当時の映像を見ると、捕手もバックホームの返球を待ちながら（クロスプレーでなければ）、ふり返って走者が本塁を踏んだかどうか確認している。２０１２年のセンバツでは横浜の高橋亮謙が関東一戦の５回裏一死一、三塁からスクイズでホームインしながら本塁を踏み忘れ。プロ野球でも17年にオリックスのクリス・マレーロが中日戦で来日初本塁打を放ちながらホームベースを踏み忘れている。１９８８年春のセンバツ・高知商対熊本工戦では熊本工の今村寿宏が三塁打を打ちながら二塁ベースを踏み忘れてアウトになっている。すべての塁で触塁確認をすることが大切だ。

こういう小さなことを大事にする指導をしていると、選手が何をすべきか考えるようになる。73年のチームのファースト・町田昌照は試合中こんなことをしていた。

「外野フライとか（ファーストが絡まないプレー）でスリーアウトチェンジになったら、ベースを見ずにファーストベースを踏んでベンチに帰ってくるんです。ベースがどこにあるか見んでもわかるように、ベースを踏んで帰る訓練をしとるんです」

17年夏の甲子園・大阪桐蔭対仙台育英戦では、1対0で迎えた9回二死一、二塁から、ショートゴロの送球を受けた大阪桐蔭の一塁手・中川卓也が一塁ベースを踏み外してセーフにするプレーがあった。試合終了のはずが、この後、サヨナラ二塁打を浴びて敗戦。悔やみきれないミスになっている。万に一のことが起きるのが野球なのだ。

小さなことにこだわり、普段から準備をして、習慣にする。目立たないことをくり返すことで養った見えない力が、土壇場で冷静にプレーできる下地になっている。

法則41 強いチームの立場を理解させる

甲子園を何度も経験していながらも、弱者であることを自認している迫田監督。甲子園では力のあるチームに挑むことが多くなるため、逆の立場を理解させる練習もしている。

「弱いチームと強いチームがやって、弱いチームが勝つ可能性の一つには、相手には『勝って当たり前』という意識があること。だからAチームとBチームの紅白戦をやるんです」

戦力的にAチームが圧倒的に有利なため、Bチームに3点程度のハンデを与えて行うが、Aチームが負けることが多いのだという。

「なぜ負けるのか？　結局、個人個人が自分のバッティングをしようとするんですよ。いい当たりをしたいという気持ちばっかりで、テキサスヒットなんかじゃダメなんです。だから、結果的に打ってるけど点が入ってないんですね。守備も中途半端なことをして負けるんです。こうなるのをわからすために紅白戦をやるんですが、今の子どもというのはなかなかこういうことがわからない。小学校、中学校でミスをしても許されてるんですよ。野球の頭があればまた違うんですがね」

この相手なら勝てるという油断が自分勝手な打撃につながる。チームのためではなく、自分のためのプレーになる。それが弱者がつけ入るスキになる。逆の立場を経験するからこそ、相手の心理がわかる。選手がすぐに理解してくれないところが不満だが、それでも迫田監督は伝えようとしている。

法則42　なぜ交代させたかを考えさせる

思い切り投げ、思い切り打つ。こういう野球が主流になっている弊害がある。

「今はピッチャーで独特の感性を持ったヤツが少ないですよ。ノーアウトで三塁打を打たれても

2アウトを取って、3番目のバッターに大きな外野フライを打たれても点は入りません。こういうのはピッチャーのセンスなんですよ。それがないヤツほど、2アウトから出したランナーで点を取られるんです」

すべての打者に同じように投げるのでは芸がない。投手ではなく〝投げる人〟だ。相手打者の力量、点差やイニングを見て、どれぐらい力を入れて投げるのか、どのような攻め方をするのか考えて投げるのが本当の投手というものだ。

「ノーアウトから七番バッターにスリーベース。八番にフォアボールを出したら、そのピッチャーは交代です。『まだいけます』と言ってもダメ。なんで交代かといったら、八番にフォアボールを出して、三、四番はどうやって抑えるんだ、それはできんじゃないかということ」

無死三塁でも点をやってもいい場面はある。それを理解して1点を与えても一死が取れるかどうか。1点もやりたくないと思うことで、四球などさらにピンチを広げる投手では勝つことは難しい。打ち取れる打者、打ち取れない打者。やってもいい点、やってはいけない点。これらをどう理解させていくか。骨の折れる作業だが、監督が一つひとつ丁寧に説明して少しずつ覚えさせていくしかない。

法則
43
場面と状況による投球を考えさせる

同じ打者だからといって、同じ攻め方ばかりではない。

だが、高校生はそれがわかっていない場合が多々ある。二死走者なしで俊足の九番打者を迎えた場合。バントがうまいばかりに警戒してカウントを悪くしてしまうことがある。

「2ストライクを取った後にいろんなボールを投げて、カウント3―2までいってようやく打ち取った。これはダメです。打たんバッターなんです」

打力のない打者のため、ストレートでどんどん攻めても打ち取れる。余計な球を投げる必要はない。ところが、同じ打者相手でも状況が変われば、組み立ても変わる。

「3―2までいった打席で『バカたれ。まっすぐ投げとっても打たれん。心配するな』と言ったら、次の2アウト三塁の打席で初球まっすぐを投げてタイムリーです。違うよと。2アウトでも三塁に置いたら、四番と対戦するつもりで投げなきゃいけんのです」

得点圏に走者を置き、打つだけという場面なら、どんな打者でも初球から積極的にバットを振ってくる。そのときにストレートを投げたのでは、相手の思うツボだ。何も考えないで投げるとこういう初歩的なミスをするのが高校生。わかっているだろうは通用しない。わかっていても、確認、再確認。念を押すぐらいでちょうどいい。

第5章
観察、分析して采配する

法則44

練習試合では自分の性格を変える

してやったり、とはこのことだろう。

相手のやりたいことを予測し、やらせないように手を打つ。作戦を失敗させるのではなく、サインすら出させない。100パーセントこちらの勝ちという采配だ。

「相手の監督さんの性格があるんです。それを読んで勝ったことがありますね」

広島商の監督時代。1970年夏の広島県大会でライバルと対戦したときだった。1対1で迎えた7回一死三塁のピンチ。ここで迫田監督はこんな指示を出した。

「ストライクをポンポンと2つ取りなさい」

打者はのちにプロ入りする投手だが、打撃はよいほうではない。当時はスクイズで点を取ることが多い時代だけに、いつスクイズをしてくるかが問題だったが、迫田監督は読んでいた。

「大分に遠征に行ったら、津久見と大分商が『先週、同じチームと対戦した』と。そのチームが2対0で勝ったというから、スコアブックを見せてもろうたんです。2回スクイズをしとるんですが、ボールが二つ続いた後にしていた。この監督さんはこういうことをするんだと。逆にいえば、二つストライクを取ってしまえば、スクイズはないということ。その打者はそんなにバッティングようないですから」

スクイズを警戒してウエストをすればボールになる。相手はボールが続くのを待っているのだ。そんなことをするより、先にストライクを取って追い込んでしまえばいい。簡単に2ストライクを取り、凡打でピンチを防いだ。

「これは私自身も気をつけますよ。だから、練習試合は性格がわからんように自分の性格を変えます。そうしておいて、夏の大会は自分の性格でいくんです」

広商時代、練習試合は3球目までにしかけることをルールにしていた。エンドラン、盗塁、バントは必ず3球目までに決めなければいけない。3球目までに盗塁ができれば、次は2球目までに走れ。2球目までにできれば、次は初球に走れ。どんどんハードルを上げ、アウトになっても徹底させた。

「夏の大会になると、今度は『待ちなさい』です。初球から走れるヤツは走っちゃいけん。甲子園では走らすけど、県大会では走らさんよと。夏になるまでは早いカウントでしかけてますから、その印象で相手は『迫田はやるで』と思っとる。ウエストしたり、警戒してカウントが悪くなります。そこで『打ちにいきなさい』と。ホントは性格がイラ（つきやすい）なんです。（部長の）

畠山先生が『よう我慢したな』と言うぐらい我慢しました」

夏前までに「広商は3球目までに何かしてくる」というイメージを植えつけ、夏はそのイメージを逆手に取った攻撃をする。長い期間をかけたかけひきだ。勝負はその試合だけではない。どれだけ手の込んだ準備ができるか。手間ヒマをかけるからこそ、ここ一番で成功するのだ。

法則45 相手を読み、相手に読ませない

サヨナラスクイズで勝った73年夏の甲子園決勝の静岡戦。勝因の一つは、3回表にスクイズのサインを見破ったことだった。静岡は先頭の八番・秋本昌宏が三塁打。無死三塁となったところで迫田監督はバッテリーをベンチに呼んだ（当時は呼ぶことができた）。

「九番をとにかくアウトにせえ。九番をアウトにしたら、一番は絶対スクイズでくる。静岡は部長がサインを出してる。スクイズが出たらすぐに知らせたるから、わしがウエストのサインを出したとき以外は攻めなさい。ボールなんかいらんよ。どんどんストライクを取っていけ」

言葉通り攻めたバッテリーは九番打者をショートゴロに打ち取り一死を取る。続く一番・永嶋滋之に対してカウント2ボール1ストライクとなったときだった。相手ベンチからサインが出た

のを見抜いた迫田監督はウエストのサインを出す。永嶋は懸命に飛びつくが届かず、三塁走者をアウトにした。この後、エース・佃正樹は連続四球を出しただけに、大きなスクイズ失敗になった。

「監督が動かずに部長が動きよったですから。監督が（横にいる部長に）口で言って、それを聞いて出すサインは難しいんじゃないですかね」

選手たちに相手のサインを見破る練習をさせていた迫田監督。当然、自らもサインを見破るのには長けていた。

「サインを出す場合、監督はバッターしか見んのですよね。三塁ランナーは見ないんですよ。バッターと三塁ランナーをいっしょに見て出す人は少ないんです。三塁ランナーに対して、『見とるか？　大丈夫だろうな？』と思いながら出すと、リズムがちょっと狂うんですよ。だから、この人の動きはどれぐらいかと（サインのない）平生の動きを見とかないけんのです」

わずかでも、リズムやテンポの違いを見逃さない。もちろん、相手に見破られないように自分がサインを出すときは気をつける。

「私は相手に見せるために、わざと速くしたりとか、わざと遅くしたりとかしますね」

走者三塁でいかにもサインを出しそうな場面で、あえてテンポを変えてみる。それによって相手を惑わすのだ。いかに相手を読み、相手に読ませないか。普段からここまで準備しているからこそ、大舞台のここ一番の場面で外せる。徹底した準備があるから成功がある。偶然は、ない。

法則46 相手打者のスイングを見て実力を見極める

監督には、見る目が必要だ。

甲子園切符をかけた2006年夏の広島大会決勝の崇徳戦。2対0とリードした如水館は9回裏に最大のピンチを迎えた。井上晴哉（現千葉ロッテ）の安打と二つの死球で一死満塁。ここで崇徳ベンチが動いた。代打に左打者の堀裕司。この打者のスイングを見て、迫田監督は驚いた。

「こんなヤツを置いとくかというぐらいええスイングをしてた」

だが、同時に疑問が沸いた。如水館のマウンドは右のサイドスロー・奥川裕幸。右の横手投げに対し、左打者は分がいいというのは常識。なぜ、この選手がスタメンで使われないのか。

「先発で出てないのは何か欠点があるんじゃろうと。その欠点は変化球が打てんと思うたんですね」

幸い、タイムが残っていた。迫田監督はマウンドに伝令を送り、こんな指示を出した。

「こんなにいいヤツをわしじゃったら置いとかん。変化球に弱いんじゃ。まっすぐはストライクを投げたらいけません。絶対ボールにして、変化球で打ち取んなさい。変化球を多投すること。いい当たりは絶対ないから、内野は前進守備でホームゲッツーを狙いなさい」

前進守備にするとヒットゾーンが広がる。満塁とはいえ、2点差あるこの場面では、中間守備で二遊間の併殺を狙うのが一般的だろう。だが、迫田監督はあえて前に守らせた。一見、大きなリスクを背負った勝負の采配に見えるが、迫田監督には確信があった。

「変化球には弱いから、いい当たりは絶対ない」

相手打者は、迫田監督の見立て通りだった。変化球を打った打球はショートへツーバウンドのゴロ。6—2—3のダブルプレーとなって試合終了。ピンチを脱した如水館が甲子園出場を決めた。

「ツーバンだけど、そんなに速くない打球。後ろに守ってたら1点入ってますね。(前進守備は)成功でした。こういうことを考えるのが大事。今の野球はなりゆき任せで、なんでも『しょうがない』で、すんでるような気がします」

場面や状況、点差や回数だけではない。相手の打者のスイングを見て実力を見極め、自チームの投手の力と比較して守り方を決める。瞬時にこれだけのことを決めるには、自チームの実力を把握したうえで、観察眼が必要。経験に基づく判断と決断。迫田監督ならではの前進守備だった。

法則47 負けた相手を分析し、引き出しを増やす

こんなことをさせるのは、迫田監督ぐらいだろう。

ある夏の広島大会、県立の商業高との一戦。0対1で迎えた2回表二死走者なしの場面で、迫田監督は四球で歩かせる指示をした。打者は八番の投手。左で180センチの身長があり、ハマると怖いタイプだった。相手は、抑えに右投手も持っている。早めに左投手を攻略することが必要だった。

「ちょっと塁上で走ったら疲れるから。そうすれば、打てると思うよ」

明らかな敬遠ではなく、勝負しているように見せて歩かせた。二死一塁となり、次打者の4、5球目はファウル。6球目にショートフライでチェンジになったが、炎天下の中、走者の投手に3回スタートを切らせた。そして、その裏。投手に明らかな変化が見られた。先頭から連続四球を出したのだ。初回は三者凡退に終わっていた如水館打線だったが、このチャンスは見逃さなかった。その投手を打ち込み6点を挙げて逆転。10対3の7回コールドで破った。なぜ、迫田監督はそんなことをしたのか。これには、理由がある。

その3年前の夏。如水館は広島大会初戦で敗れている。そのときの相手が同じ商業高だった。如水館は夏の甲子園メンバーが残り、秋の県大会は優勝。迫田監督も自信を持っていたチームだっただけに、悔いが残った。なぜ、負けたのか。敗退後、相手の戦いぶりに注目していたが、4回戦であっさりと大差で敗れてしまった。

「そこでどういう判断をしたか。このチームは優勝まで狙うたチームじゃないんじゃと。2、3回戦までに大物を食うたろうという感じ。じゃあ、考えにゃいけんなと。上に行くチームは暑い中でどれだけ練習するかなど、計算してやっとるんです。公立で上を狙うてないチームは、一生懸命やるけど、1、2試合勝てばいいような練習をしとる。だからこういう試合になるんです。前に負けた後、決勝まで行っとるようなチームだったら、こんなことはしません。もっと正当な攻め方をします。まぁ、このときはウチもそんなに強いチームじゃなかったですから。勝てたのは高校野球の難しさでしょう」

見事にうまくいった采配だが、迫田監督はコーチたちにこう釘を刺している。

「これは遊びなんじゃと。遊びとはどういうことか。これは、やろうと思ってもチャンスがなかったらできんのです。うまい具合に1点リードされて、2アウトランナーなしでピッチャーに回った。計画しとってもこんなのはないよ」

いつもやることではない。引き出しの一つとして持っておき、条件が整ったときだけ使うことができる。まさに奥の手。使えるかどうかわからないことまで想定して、考えておく。引き出しの多さがいい監督の条件なのだ。

法則48　性格を見て投手の起用法を考える

史上初となる3試合連続の延長戦を制してベスト8入りした2011年の夏。如水館の快進撃を支えたのがエースの浜田大貴だった。といっても、先発は1試合もない。登板するのは、決まって味方が失点した後だった。

関商工　2対2　4回表先頭打者から　10回4安打10奪三振2四死球無失点
東大阪大柏原　0対1　2回裏無死二、三塁から　9回10安打8奪三振3四死球3失点(自責2)
能代商　1対1　3回表先頭打者から　10回7安打6奪三振1四死球1失点（自責0）

もちろん、これには理由がある。

「浜田の場合、点を取られてなかったら、『取られたらいけん』と思うてピッチングが悪いんです。点を取られてから投げないと思い切って力が出せん。先制点を取って抑えるとなったらまったく違うんですよ。3年間のピッチングを見ても、一番よかったんが1年の秋の崇徳戦。エースが3点取られて2回から代わったときなんです」

1年生で甲子園を経験。2年生でエースとなるが、先発した広島大会決勝の広陵戦では3回途中5安打2失点で降板。先発ではどうも力が出せないため、迫田監督は3年になってリリーフで使おうと決めた。ところが、夏の大会でリリーフで使っても投球内容がよくない。広島大会では投球回数27を上回る29本のヒットを浴びた。不安なまま甲子園に入ったが、甲子園では見違えるような投球を見せた。初戦の関商工戦は先発の宇田友洋が3回までに2失点。3回裏に味方が同点に追いついてからの登板で延長13回までの10イニングを4安打10奪三振無失点に抑えた。1年の秋に見せた最高の投球のときと同様、前の投手が点を取られ、自分に責任がない場面になると力を出す。この後の試合では、必ず失点した後にマウンドに送った。2回戦の東大阪大柏原戦では、2回裏に1点を先制され、なおも無死二、三塁の場面で登板して三者連続三振を奪ってピンチを脱している。

「前の投手がノーアウトから六番に三塁打を打たれたんです。七番の前にわざわざタイムをかけて『このバッターを打ち取れ。点やってもいい。外野フライはいいから』と言ったんですが、フォアボールですよ。本来ならここで代えるんです。でも、浜田は点を取られたら絶対狂うんですよ。だから点をやるまで我慢した。それでもう1人投げさせたら二塁打です。ノーアウト二、三塁で浜田を出すんですが、1点取られてるから気持ちが全然違うんですね。点をやってもいいと言ってるのに三者三振ですから。やっぱり、性格ですね。あいつは、姉が2人の3番目なんです。だから弱いんですよ。愛媛出身で他校を落ちてウチに来たんですが、入って2日目に『僕帰りたいです』と言ったヤツですから」

173センチ、76キロとがっしりした体格で、ふてぶてしい態度。強そうに見せてはいるが、心の中は違う。どんな場面なら力が出せるのか。それを見抜いて使ってやるのも指揮官の仕事なのだ。

法則49 性格を見て打者の起用法を考える

2011年夏、7度目の出場で初のベスト8に進出した如水館。甲子園4試合のチーム打率は2割8分3厘。ベスト8に進出した8校のうち下から2番目だった。決して強打ではない。だが、効率的に点を取る。実は、打順の組み方に秘密があった。

一番の門田透は50メートル走7秒2。七番の安原翔平は5秒8。一般的な考えなら安原が一番に座るだろう。なぜ、足の遅い門田が一番なのか。

「門田は足は遅いけど、カットするだけのやわらかみがある。安原は身体が硬いんですよ。カウント2―2から選んで、1球でも2球でもファウルを打ったことがないんです。自分のスイングしかできんのですね。硬いからドラッグバントもできない。だからその人がトップバッターだったら（出塁率が低いため）足を生かすわけにはいかんのですよ。相手にしたら、トップバッターを出すのはすごく嫌じゃないですか。だから、まずはどういうかたちでもいいからランナーになれるように。出ることに魅力を感じとるヤツを一番に持ってきたんです」

一番は出塁率が求められる。たとえアウトになっても、次打者のために球数を多く投げさせることも求められる。淡泊ではなく、粘り強さが必要なのだ。足の速さではなく、性格とやわらかさを買って門田を起用した。

「もちろん、何試合もした結果ですよ。少年野球で安原を指導した人はおそらく機嫌が悪いと思います（笑）。でも、七番で脚力があったら売り物になるんです」

クリーンアップも特徴があった。俊足好打のイメージがある三番に185センチ、86キロの金尾元樹。四番に1年生の島崎翔真、五番に県大会で打率2割5分、長打ゼロの投手、宇田友洋を置いた。金尾は1年時からレギュラーで当初は四番を打たせていた。なぜ三番なのか。

「性格を見て決めます。金尾は四番だと初回に回って来んと思って準備せんのです。ツーアウトから三番が二塁打を打ったのに準備できてない。三番だと必ず回りますから気が乗ってくるんです。それと四番ならもっと大きいバッティングをしますよ。三番は（塁に）出なきゃいけないから低い打球を打ちなさいと。性格的に自分が乗ってるときのチャンスじゃないとダメ。これが四番に入ったらウチのチーム力がわかりますよ」

対照的に島崎は1年生ながらもろさがなく、相手が嫌がる打撃ができる。チャンスが来たら、どんな投手相手にもそれなりの打撃をする。その違いがあった。では、宇田を五番に起用した理由はなんなのか。

「五番は我慢できるヤツがいいんです。三、四番と違ってバントもある地味な打順。それをわかってくれるヤツがいい。そうなると、努力して3年になって出てきたヤツのほうがいいんです。宇田は（3月の）沖縄キャンプまでBチーム。不細工で緊張してどうしようもなくて、自分でもあきらめてた。それが、あるとき練習試合で投げさせたらよかった。Aに上がるとダメになる子もいるんですが、宇田はそういうのに左右されず、自分のことをとにかく一生懸命できる子だった。降ろそうかと思うこともあったけど、失敗したらそれを考えて次にはなんとかしますと。話をしてもわかってくれるんですね」

甲子園では各打者がその役割を全うした。門田はチーム一の7四死球を選び、出塁率は驚異の5割をマーク。金尾は一発を狙わずチーム2位の打率3割5分3厘。島崎は2回戦の東大阪大柏原戦で延長10回に決勝打を放つなどチーム一の4打点。宇田は6四死球2犠打と地味なつなぎ役に徹した。

「自分の中で一番はこう、二番はこうではなしに、チームの中でだれが一番に向いてるか。選手の持ってる力をいかに出させてやるか。それが監督として見なきゃいけないところですよ」

まさに適材適所。先入観や固定観念に縛られていては、選手個々の能力を殺してしまうこともある。普段から性格や行動を観察し、どの役割を与えれば輝くのか。それを見極めることが指揮官の重要な役割なのだ。

法則50　寝た子を徹底的に寝かせたままにする

徹底的にマークする打者は、当たっている打者ではない。当たっていない打者だ。

「短期決戦はヒット1本出るまでがものすごく難しいんです。高校生はヒットが1本出るか出んかで全然違うんですね。新聞に『1』と出るのと『0』と出るのとではまったく変わる。私は、打ってないバッターには絶対打たさんようにします。1試合目に4の0だったら、それを絶対つぶしにいきますからね。たとえ四番であろうと、『こいつは徹底的に打たすな。チャンスをそいつに持ってきてつぶしていくといいよ』と。その選手に打たさなかったら、その試合はある程度自由に進められます。向こうとしても作戦がものすごく難しくなるんです」

毎年、解説者として甲子園に足を運ぶ迫田監督。解説をしていて鮮明に覚えている試合がある。2004年夏の甲子園・済美対秋田商戦だ。福井優也（現広島）、鵜久森敦志（現東京ヤクルト）と投打の軸を擁する済美はセンバツ優勝。対する秋田商には、秋に広島からドラフト1位指名される大型右腕・佐藤剛士がいた。この試合、迫田監督がポイントに挙げたのは鵜久森の打撃。といってもドラフト候補同士の対決だからではない。迫田監督が指摘したのは鵜久森の愛媛大会での成績だ。愛媛大会では16打数3安打の打率1割8分8厘。打点はわずか1しかなかった。センバツでは2本塁打を記録。大会注目のスラッガーといわれながら不振にあえいでいたのだ。

この試合の第1打席。鵜久森はショート後方へ高々とフライを打ち上げるが、深く守っていた外野手のおかげもあってポトリと落ちる安打になった。すかさず迫田監督は言った。

「これは上甲（正典、当時の済美監督）さん、喜びましたよ。これで鵜久森君は打つようになります。見とってください」

迫田監督の予言はピタリと当たった。鵜久森は第2打席で犠牲フライを放つと、第3打席ではレフトへの2ラン本塁打。この試合で乗った鵜久森は、愛媛大会での不振がうそのように甲子園では打率5割5分6厘、3本塁打と大当たり。済美の準優勝に貢献した。

「それぐらい最初の1本が出るか出んかは大きいんです。私は自分のチームに、調子がいいのにいい当たりが正面を突いてるようなヤツがいる場合、県の1回戦で弱い相手でもヒットが1本出るまでずーっと出します」

17年夏の甲子園で大会新記録となる6本塁打をマークした広陵・中村奨成（現広島）も広島大会は17打数3安打の打率1割7分6厘。甲子園では初戦の中京大中京戦で第2打席にセンター前に初安打を放つと、第3打席には本塁打。その後もヒットとホームランを放って5打数4安打3打点の大活躍。早い段階で「1」をつけ、広島大会での不振を払拭したことが前人未到の6本塁打につながった。

「中村は2ストライクに追い込まれたら弱いんですよ。みんな2ストライク取ったら勝負しようと思うとるんです。そうじゃない。2ストライクまでを勝負にせにゃいけんのですよ。（初球から）最高のボールを投げていって、（2ストライクからは）ボールになってもいいという球を打たせたらそうでもないのに。中村が初球から振りにくるのに打たれて調子に乗せる。他の者まで調子に乗せる。他の選手は中村につられて打つようになるんです」

寝た子を起こしてしまった瞬間、相手の打線は活発になる。たとえ主力打者でなかったとしても、寝た子は徹底的に寝かせたままにしておかなければいけない。

法則 51 試合がこう着したときは動かない

0対0の両校無得点で試合が進んでいるとき、1対1などのロースコアで終盤まで試合が進んでいるときなど、こう着している試合がある。こういう場合はチャンスもほとんどないことが多いが、ベンチの監督はどうしたらいいのだろうか。

「こう着状態では、早く動いたほうが弱い。私の中では動かんほうがええというのが多いですね」

動くというのは、サインを出すことだけではない。選手起用も含まれる。

「ピンチヒッターを出したら、その選手が守るところへ打球がいってエラーしたりね。私はセカンドを代えたばっかりに、ファーストの後ろに変な打球がいってツーベースになったことがあります。経験上、『こいつを使ったことで失敗した、先に動いたら負けか』と感じたことがあるんです。だから、今は『動かんほうがええな』という気持ちが強くなってますね」

こう着していると、どうしても監督は何かしたくなるもの。何かをすることで、試合を動かしたり、流れを変えたりできると思うのだ。だが、実際は動くことが裏目に出ることのほうが多い。

「動いたことが焦りなんです。選手を代えるということは、『じゃあ、（試合に出ているのは）ベストメンバーじゃないんか？』ということになる。ベストメンバーでいっとるのに代えるというのは、マイナスにするんですかと。ただ、ゲームの中ではツイとるヤツ、ツイとらんヤツがいて、ツイてないヤツのところに来たから代えないけんというのはありますけどね。基本的には、相手が代えるまで我慢するようにしますね」

じっと待つのはつらい。何かしたくなる。そこで我慢できるかどうか。逆にいえば、相手が動いたところこそ勝負所。指揮官は我慢できなければいけない。

法則52 流れが悪いときはノーサイン

流れが悪い試合というのは、必ずある。

こちらのいい当たりは正面を突き、相手のどん詰まりの当たりがポテンヒットになる。こんなとき、どうしたらいいのか。迫田監督は〝何もしない〟のだという。

「ノーサイン。好きにやってごらんです。ただし、ベンチからサインは出てるような顔をしてやんなさいと。やるとしたら、3イニングはできません。やっても1、2イニングですね。サインを出すような格好をして我慢するんです」

迫田監督は実際に甲子園でこれを実行している。優勝した1973年夏の甲子園準々決勝の高知商戦だった。広島商は初回に3点を先行したものの、その後は2回から登板した鹿取義隆（元巨人）に抑えられていた。攻撃を止められ、流れは相手に移る。6回表に2点を返され、リードは1点になった。

「2点取られた後、3点目は達川のブロックでアウトです。高知商とは招待試合で1勝1敗。強いのを知っとるから選手がすごい緊張しとったんですよ」

選手たちを集めて迫田監督はこう言った。

「お前ら緊張しておかしくなってる。この回はノーサイン。好きにせえ。ホームランを狙いたかったら狙うてもええ。点は取らんでもええから思い切っていけ。ただサインを見る格好だけはせえよ。わかったな」

この話をした直後、先頭打者の四番・楠原基を呼んで確認したが、楠原は首をひねるばかり。まったくわかっていなかった。

「わしの言うことがわからんぐらい緊張しとるのわかるじゃろ？　だから、この回はノーサインでいい言うとるんじゃ」

楠原が倒れて一死後、町田昌照がレフト前ヒットで出塁。続く六番の達川光男は高めのボール球に手を出し、あっというまに0ボール2ストライクに追い込まれた。

「いくらノーサインだからって、バカたれ。あんなクソボール振りやがって。なんとかしてセカンドにランナーを置いたら違うのに……」

迫田監督がカリカリしながら見ていたそのとき、達川のバットが快音を発した。高めのボール球をとらえた打球はレフトへの2ランホームランとなり、広島商が5対2と再び3点をリードした。

「2点入って、もう大丈夫です。そのままいきなさいと。これで点が入らなかったら、『わかったな。点入らんな。今度はわしのサイン通り動けよ』と言います。わざと走ったり、エンドランをしたりして気持ちを変えてやるということですね。そうでもしないとまず難しい。ドツボにハマると、悪いほうへ、悪いほうへ行くようになりますから。選手を見ながら、どう踊らせてやるか。これが難しいんじゃないですかね」

流れが悪いときに何かをしようと思ってもうまくいくことは少ない。むしろ、裏目に出ることのほうが多い。そういうときこそ、監督は動かず、我慢する。うまくいかないのは流れが悪いのではなく、自分たちが悪い。あえて好きにさせることで気分を変える。気持ちが変わるときが、流れが変わるとき。迫田監督はノーサインによって、あえてその状況を作りだしている。

法則53 気が弱い投手はピンチで一度、他のポジションにまわす

試合をしていると、どうしても相手のリズムになってしまうことがある。

守備時なら、何か点を取られそうな予感がするときだ。そんなとき、迫田監督は投手を一度、他のポジションにまわす。1970年夏の広島大会決勝もそうだった。相手の広陵は佐伯和司（元広島）を擁し、センバツベスト4。広島商のエースものちに東映入りする日高晶彦だったが、この投手は気が弱かった。そこで、迫田監督は大会前から日高にこう言っていた。

「ランナーを出したら、一人だけ守備についてマウンドに戻るのをやるよ」

練習試合で何度か試しておき、広陵戦で実行した。7回無死から走者を出したところで日高は

外野へ。二番手の投手をマウンドに送ると同時に、日高にはこう言った。

「練習しとるからわかっとるな。打ち取るかもわからんし、バントかもわからんが、このピッチャーを信用するなよ。こいつが打たれて、戻るときにはノーアウト一塁がノーアウト二、三塁になってるかもわからんよ。どういうかたちでも、1人だけこいつを投げさす。そしたらお前がまたマウンドに上がるんよ」

二番手の投手はカウント0―2と追い込みながら三遊間を破る安打を打たれて無死一、二塁。ピンチは拡大したが、日高は冷静だった。犠打で一死二、三塁とされるも、スクイズ失敗などで後続を抑えたのだ。これが功を奏し、広島商は広陵を破って甲子園出場を果たした。

「選手によってはこうしたほうがええ場合があるんですね。ピンチになったらどうしようもないヤツがおるんですよ。冷静になるために外野を守るということ。それと、攻撃側からしても、ピッチャーが崩れそうなときに代えられるのは嫌なんですよね。『代わったピッチャーはどうなんだ？』と。もちろん、全部のピッチャーがそうじゃないですから、試してみる必要がありますけどね」

練習試合で何度も試し、この投手には有効と判断したら実行するのだ。これと同じ考えを持っていたのが、取手二、常総学院で三度の日本一に輝いた木内幸男監督。取手二時代の84年夏。甲子園決勝のＰＬ学園戦でやっている。４対３とリードして迎えた９回裏。優勝まであと３人の場面でエースの石田文樹（元大洋）が先頭打者に同点本塁打を打たれた。これで動揺した石田は次打者に死球。ここで木内監督は石田をライトへ回し、左横手の柏葉勝己をマウンドへ送った。柏葉がバントを失敗させて一死を取ると、石田が再びマウンドへ。打者は四番の清原和博（元オリックス）だったが、降板時には「ああやっぱり逆転のＰＬなんだな。それが頭に浮かんできました」という弱気の心が、「2年生には負けたくないという気持ちが急に強くなったんです。絶対抑えてやると思った」と強気に変心。清原から三振を奪うと、後続も断って10回表の勝ち越しにつなげた。

たった打者１人、間を置くだけで心は急激に変わることもある。いざというときにできるよう準備しておきたい。

法則54 あえてアウトOKのサインを出す

１９７５年の夏の広島大会決勝・崇徳戦。０対０で迎えた５回無死一塁の場面だった。当時の高校野球なら１００パーセントバントするところだが、迫田監督は盗塁のサインを出した。

「アウトになっていい。走れ、脅かせ」

意表を突いたつもりだったが、相手はウエストしてきた。迫田監督は「やられた」と思ったが、この投球がなんと悪送球。これで投手は動揺し、無死満塁の好機を迎えた。ここで打席には七番の右打者。この大会、この選手には引っ張り禁止令を出していた。

「小さいんですが、強いんです。引っ張れるんですが、ほっといたら全部引っ張るから『絶対いけません』と。ただ、このときは『この場面はええんじゃ。思い切り引っ張れ』と言いましたね」

制約から解放された打者の打球はその大会初めての左方向の安打。走者一掃の二塁打となって3点を先行した。さらに送りバントとスクイズで1点を追加。4対0で崇徳を下した。

「アウトになってもいい。行け、行けというのが選手に伝わっとるんです。伝わらずに盗塁のサインだけだったら、ちびってアウトになるだけですよ」

いつもとは違うサインだけに、意図が伝わらなければ選手たちが迷う。失敗すれば大きなマイナスになる。だが、「なぜ今ここでこのサインを出すのか」を説明し、選手たちが理解すれば、結果は同じでも意味は大きく違ってくる。

「私は言いますからね。『優勝戦のノーアウト一塁で単独スチールなんかしない。それをやるんじゃからわかるだろ。こいつは足が遅いのわかっとるな。でも、今から走らすぞ。どれぐらいでアウトになるか見とけ。アウトになった位置でだれだったら走れるかわかるじゃろ。あいつが1メートル手前でアウトなら、だれが走れる？』と。わざとそういうことをするから、選手が乗ります。『セーフにならないけん』と思って走るんじゃないから思い切ってできるんです」

あえて相手を試すような作戦をすることで、〝上から目線〟でできるようにもなる。相手を下から見上げるような状態になったら、チームはおかしくなる。これが決勝ではなく、たとえ弱いチーム相手であったとしても同様だ。チームのムードがおかしくなりそうなときこそ、上から目線にすることが大事。そのための策を監督は考えておかなければいけない。

法則 55 いらないサインを出していることに気づく

監督経験の浅い人ほど、エンドランのサインを出す。

これが、長年、高校野球を観てきて思うことだ。迫田監督も同じようなことを感じている。

「練習試合なんかでコーチに監督をやらせる場合、私は『サイン出しなさんな』と言いますね。監督をやったことがない人が監督をすると、サインを出したがるんです。監督のイメージが何かといったら、サインを出すことだと思っとるんですね。中学校の野球を観てたら、2アウトランナーなし、2ストライクでサインを出しとられるんです。バッターも見るんですよ。ホームランのサインでも出しとるんかなと。わからんことをされます」

他のスポーツと違い、野球は1球1球、監督が選手にサインを送ることができる。そのせいで、サインを出すのが監督の仕事だと思っている人がいるのだ。

「0対5で負けとるときはガンガン打つんですよ。それが、3対5ぐらいになってノーアウト一塁になるとバントとかやり出すんです。そしたら点が入らんようになるんですね。そこらが高校野球は面白いんじゃないかと思います」

選手たちが乗っているときは任せればいい。わざわざサインを出す必要はないのだが、勝てそうになってくると急にやる気を出す人がいる。サインを出すのは監督の一部でしかない。それよりも、選手の表情やしぐさを見て、的確な言葉をかけることのほうが重要だ。

「弱い相手にサインを出して勝って、自分のサインで勝ったと思われる人がいるんですよね。そうじゃない。相手が弱いから勝ったのに、同じことを今度は格上のチーム相手にやろうとする。いらんサインを出しとることに気づかないといけないんです」

一度サインが決まると、麻薬のように気持ちよくなってしまう。どうしても、またやりたくなってしまうのだ。それでは相手に簡単に読まれてしまう。理想は相手が無警戒なところで、しかけること。余計な動きはせず、気配を消しておいて、ここ一番で勝負をかける。それができるのが本当の監督なのだ。

法則56 選手を乗せる言葉を自然に口に出す

監督の言動すべてが采配——。

そう言っても過言ではない。特に選手を乗せるのは、監督からの言葉だ。たったひとことでも、ときに選手にとって大きな力になる。迫田監督自身が覚えているのはこんな言葉だ。

「歴史を作んなさい」

これは、1973年のセンバツで作新学院・江川卓との対決を前に選手たちにかけた言葉。試合前まで135イニング無失点の怪物投手を破ることは、同時に高校野球の球史に残る戦いになることを示す。これで選手たちは奮い立った。

「江川を倒したことは、ものすごく大きな歴史ですよね。いまだに江川のことで取材の話が来ますから」

もう一つは、3試合連続延長戦を制した2011年夏の甲子園で、能代商との試合中に選手たちに言った言葉。

「浜田がこれだけ投げとるんだから、男にしてやれ。男にするかせんかはお前らよ」

浜田は1回戦からリリーフとして奮闘。関商工戦は10回無失点、東大阪大柏原戦では9回3失点と勝利の原動力となっていた。この言葉で火がついた選手たちは延長12回裏、この大会2度目のサヨナラ勝ちで如水館としては初のベスト8入りを果たした。

「言葉は大事だと思います。それがあるかないかで変わりますね」

狙って気の利いたことを言う必要はない。そのときの状況からにじみ出る自然の言葉。それが選手たちの活力となる。いざというときに〝名言〟が出るように、指揮官は普段の生活、その他からいい言葉のシャワーを浴びておいたほうがいい。

法則57 負けと向き合い、負けを活かす

転んでもただでは起きない。それが迫田監督だ。

負けた後は「なぜ、負けたのか」をしっかりと考える。負けたチームのその後を追うことは当たり前だ。2009年夏の甲子園でもそうだった。如水館は初戦で高知と対戦した。第2日第1

試合に組まれた試合は2対0とリードした3回終了時に降雨ノーゲーム。翌日も第1試合で行われたが、6対5とリードした5回表途中にまたも降雨ノーゲームとなった。高知の先発は公文克彦（現北海道日本ハム）。2試合合計で7回10安打8得点と打ち込んでいたため迫田監督は自信を持っていた。

ところが、再々試合となった日は同じ公文に14三振を奪われ、3対9で敗れた。

「2試合やって悪かったのに、3試合目は別人なんです。ウチとしたら（ノーゲームになった）2試合はええ試合しとるからどこを直そうとかないんですよ。負けた後、何かあるなと思って次の試合を観たんです」

高知の2回戦は常葉橘。この試合で公文は6回12安打7失点と打ち込まれてKOされた。

「やっぱり1試合目なんですよ。悪いんですよ。それで、この子は朝弱いんじゃと。私は勘違いしとったんです。雨で足場が悪いからおかしかったとばかり思っとったら違う。朝なんじゃと。朝8時からの試合いうたら6時には甲子園におらないけんのですからね。4時頃には起きないといけん。それを2日もやったから公文も難しかったんです。そのあとですよ。馬淵（史郎、明徳義塾監督）さんが『あいつはツイとるな』と言うんです。高知でも雨かなんかで流れて早い時間の試合が遅い時間になって勝った試合があると」

如水館が高知に敗れた試合は第4試合。2日連続のノーゲームで日程変更されたことで、朝の試合が夕方の試合になっていた。

「私は負けた後の試合も観ますね。何か特徴があるのか。やっぱり強かったのか。何か計算違いをしとったのかとか。負けたら何か探さないとダメですね。次につなげないと」

負けるたびに、次に負けないためのヒントが見つかる。負けと向き合い、負けを活かす。それが迫田監督の監督人生を支えている。

法則 58 1年生の疲れに対策を立てる

1年生は乗せると怖い。

高校野球の怖さを知らず、のびのびと勢いでプレーする1年生はしばしばチームの起爆剤になる。だが、迫田監督は相手に1年生の内野手がいるとこう言う。

「あいつは1年生。絶対疲れるけえ、エラーが出るから心配するな」

降雨コールドで引き分けになったあと、再試合を制した1998年夏の専大北上戦もそうだった。相手はサードに畠山和洋（現東京ヤクルト）、セカンドに沢田三義と2人の1年生がスタメンで出場していた。

「畠山は3打数3安打と打って、エラーもせんのですよ。雨で引き分けた後の2試合目も4打数3安打と打たれてね。『この1年生は違う。エラーはすると思うな』と言ったら、7回にその畠山が連続エラー（沢田は走者が三塁にいる場面で打球をはじくも、一塁アウトで失策はつかず）。1年生2人が三つミスしてくれて勝ち越して勝てたんです」

技術的に優れていても1年生。体力的にはまだ高校レベルに達していない。まして、真夏の甲子園の暑さは尋常ではない。そこにプレッシャーもある。無難に守り続けることすら至難の業だ。

迫田監督の話を聞いて、1年生で夏の甲子園でスタメン出場した選手の守備成績を調べてみた。2015～17年の3年間で内野手としてスタメン出場した1年生は13人。勝ち進んだ試合も含めて合計20試合あったが、失策数の合計は10個もあった。2試合に一つはする計算だ。他の学年に比べて格段に多いのは間違いない。

この経験がプラスにもマイナスにもなったのが甲子園で8強入りした2011年の夏。このチームでは四番にサードで1年生の島崎翔真を起用していた。1年生の体力を考え、迫田監督はこんなことをした。ベンチ入りメンバー以外に練習補助などのため10人大阪に連れて行ったが、そのメンバーを1、2年生だけにしたのだ。

「練習でノックするじゃないですか。レギュラーは必要なかったらせんでええんです。1、2年生は全部出てやります。見ている報道陣が『きついですね』と言うぐらい厳しいノックができるんです。レギュラーはこのときに休んで、体調を整えながらする。ただ、1年生はそれができないんだですね。『お前は休んでもええ』と言うのに出るんですよ。グラウンド整備も1年生はするんです。そういう疲れが、3試合延長をやって、4試合目に出たんですね。エラーが三つです。考えていながら失敗しました」

秋以降のことも考え、準々決勝では島崎を投手として先発させたが、1回3分の2を2失点で降板。サードに回っても2失策を記録した。夏の大会中の1年生は多少、特別扱いしても仕方がない。勝ち進むためには、試合以外の練習や過ごし方も考えなければいけない。

選手たちに言葉で火をつける。1973年夏の甲子園、静岡との決勝

第6章
負けない戦いをする

法則 59 守りの野球をするために後攻を取る

「私の野球というのは、点をやらないことが一番の野球なんですよ。負けない野球。やらなかったら引き分けはあっても負けることないんですよ。判定負けはないんだから。ノーアウト満塁が3回あったってゼロにしとったら負けはない。そのために守ることを考えようと」

広島商時代から迫田監督の野球は守りの野球だ。守備を優先して考え、まずは失点を減らすことを考える。監督就任時は木製バットの時代だったが、金属バットになり、さらに打撃力が飛躍的にアップした現在もこの考え方は変わらない。

「金属バットになっても変わらないのは弱いからですよ。弱いから、点をやらないことが相手に焦りを生むことにつながる。力の差があっても、点を取れなかったらどうしても焦りが出るものなんです。例えば、3回まで0点に抑えるとします。『点が入らんじゃないか』って、そこで切り替わるチームはほとんどないんです。一番バッターがガーンと左中間に打ったけど捕られた。二番もガーンと打ったけど外野手が後ろに守っていて捕られた。三番もそれが続いた。3人続いたら、次の回の四番も振りが大きくなりますね。そうやって5回までいった。おかしいなこれはとなったら、もう8回です。8回といったら、焦ってしまって自分らじゃなくなるんですよ」

強いチームに序盤、中盤、終盤と戦略的に攻められたらなす術がない。だが、いい当たりの打球が打てているのに点が入らないとなれば、ムキになって振ってくるようになる。本来やるべきことを忘れさせるようにすれば、勝つ確率が出てくるのだ。接戦になるからこそ、メンタルの勝負に持ち込める。先に失点して、優位な立場のまま戦われたら、実力差は逆転できない。

そういう考え方で守りの野球をするから後攻を選択する。甲子園で戦った36試合のうち、広島商では21試合中15試合、如水館では15試合中11試合が後攻だ。まずは守ってリズムを作る。これが迫田監督のスタイルになっている。

「結局、守りの野球にしてますから。守備のチームに『今日は先攻取れ』と言ったらそれでリズムが狂いますね。もちろん、じゃんけんで負けることもありますから柔軟性は持ってますけど」

取手二、常総学院で日本一が三度の木内幸男元監督は「分が悪いときは先攻、勝てると思ったときは後攻」と話していたが、迫田監督は違う。基本的には後攻だ。

「強い相手だったら、『お前らの野球をするために後攻を取らないといけない』と言います。2007年秋の中国大会で八頭とやったときは、『八頭は強いよ』と言ってるのに、先攻を取ってきたんですよ。それで、9回裏2アウトランナーなしから九番にボテボテのヒット、一番にヒット、二番にヒット、三番に右中間にポテンヒットを落とされて逆転負けですよ。これは後攻を取ってたら勝ってるゲームなんです」

このときの八頭は中国大会で準優勝。翌春のセンバツに出場している。迫田監督から見れば、分の悪い相手だった。力が上のチームに対し、逃げ切るのは難しいというのが迫田監督の考え方だ。

「だれがピッチャーでもいいから、2アウトランナーなしで点を取る練習をやってみなさいと言うんです。できないですよ。できないんだから守っとるときにそのことがわからにゃいけんのです。相手としたら何も作戦なんてないんですよ。ただ打ちにくるだけなんです。それが、九番から4連打というのはピッチャーが弱いしかないんですよ。そのピッチャーがキャプテンでじゃけんに勝って先攻取ってるんですからね。私が『八頭は強い』と言っても、そこらが徹底できてない。徹底できないことは迷いになりますね」

迫田監督が如水館の監督として戦った甲子園では、14試合（引き分け再試合を除く）すべて先制点を許している。先攻逃げ切りの戦い方ではないため、先攻で先制して逃げるパターンは自分たちの野球ではない。力が上の相手に対し、「逃げ切らなければいけない」と思うと苦しくなる。点を取られても、「まだ攻撃のチャンスは残っている」と思って守れるのが後攻のよさ。守備型で追い上げ型のチームだからこそ、迫田監督は後攻にこだわっている。

ちなみに、迫田監督でも先攻を取らせることがある。相手が明らかに格下のときだ。

「後攻だと5回攻撃ができないんですよ。コールドだと4回で終わるんです。公式戦の経験は大きいですからね。たくさんの選手を使ってやりたいと思っても、できないですから」

公式戦は1本のヒットが大事。コールドで打線が爆発しても、1人だけ蚊帳の外という選手もいる。たとえポテンヒットでも、ノーヒットの選手をつくらないためには1イニングでも攻撃が長いほうがいい。その後の戦い方のために、多くの選手を使い、できるだけ多くの選手に「安打1」をつける。これもまた勝ち進むためには欠かせないことなのだ。

法則60 まずは相手の投手を含めた守備力を見る

守備型のチームだけに、打撃戦は負けパターンだ。いかにロースコアの展開に持っていくか。自分たちの得意なかたちに持っていくか。ここが監督の力の見せどころになる。

どんな試合もまずは守るのが迫田野球のスタイル。いかに点をやらないのかがテーマになる。

だが、意外にも先に見るのは相手の投手を含めた守備力だ。

「もちろんビデオを見てバッターの特徴は把握します。ただ、打線いうのは見てみんとわからんのです。実際に打席に立ってくれんとわからんですね。だから、まず見るのはピッチャー。野球はやっぱりピッチャーですからね。どれぐらいのボールを投げるのか。それはどういうことかというたら、バッターを抑えるボールを持っとるかどうかですね。それが一つなのか。それとも二つあるのか。もう一つ、遊べるボールも持ってますよとか。それを見て、ウチのバッターならだれが対応できるかを考えます。このバッターではあのピッチャーは打てんというときは、『5球投げさせろ。5球投げさせたらヒット打ったのと同じ評価にしたる。6球ならすごいで』と。無理なことは要求しないですね。それはしょうがないことですから」

相手は好投手、攻略は難しいという場合は投手以外にスポットを当てる。

「次はキャッチャーです。キャッチャーの肩が弱い場合は、動かしてみようと。それは走るとかいうんじゃなしに、足が遅うてもリードを大きくして、けん制を投げさせるぐらいの走塁をしなさいということ。そのうえで、ランナーが二塁に行ったときにピッチャーがどうなるかを調べます。ランナーが二塁に行ったら投げるボールが変わるピッチャーがおるんですよ。その次はランナーを三塁に持っていってどうなるかですね」

相手の守備力も見て、打線は強力でも守備力は弱いとなれば、バントなどで守備を乱すような、神経を使わせるような作戦を考える。ちなみに、迫田監督が厄介だと感じるのは守備力よりもこんなところだ。「キャプテンはだれかと予想して、当たったらこれはしんどいなと思いますね」。特にチームの核となる選手は、絶対抑えるように命じることもある。

守備型のチームづくりをしている以上、初回から得点する展開は考えていない。どんなときも頭にあるのは後半勝負だ。

「そう簡単に点は取れないというのが一番ですね。3回までに離されないでいかに我慢するかが一番。その間に私がいろいろ考えて攻撃方法を見つけます。だから、『まずは3回まで0にしなさい。取られても1点か2点ですよ』と。自分の投手陣の力を考えて、3点は取られるという場合、その3点を前半3回までにするか、5回までにするか、もしくは9回通して3点で終わるか。これがどうなるかというのは、1、2回の立ち上がりでものすごく変わるんです」

後半勝負にするためには、序盤の失点はできるだけ防ぐ必要がある。

「3回で5点取られたらどうやって勝つんやと。6点取らな勝てんような野球はダメ。1、2点で収まるようにピッチャーの継投を考える。このときは一番悪いことを考えることが大事。ええほうを考えとったら、ろくなことがないですからね。ピッチャーを信頼せないけんけど、信用したらいけん。信用したらわけのわからんことになる」

期待してマウンドに上げた投手でもスパッと交代の決断をすることが大事だ。「期待して先発させたんだから」などと情を出すといい結果は出ない。

「相手が1、2点しか取れないようないいピッチャーなら、初回に3点取られたらもう負けなんです。たとえ初回でも1点取られたときにピッチャーを代えたり、いろいろ考えなきゃいけん。甲子園でも『今投げとるんがエースだからええんです。負けたらしょうがないんです』というようなことをする監督さんがいます。ゲームプランがないんですよね。この相手なら何点は取られる、何点までに抑えられると読む力や自分のセオリーを持っとかないけんのですよ」

迫田監督は必ず打った選手をチェックしている。試合前の分析では投手のほうが力が上と判断した選手でも、当たる場合がある。打席で打ちそうな気配がすることもある。そういう選手を見極め、歩かせて次の打者と勝負をする。

「例えば、カウントがよくなったバッターで打席を外して目いっぱい振る選手はまず打てないですね。身体だけ回転するぐらい軽く振るような選手は（リラックスしているので）怖いです」

打者の表情やしぐさもすべて情報。長年の経験で培った観察眼も使いながら、最少失点で収まる方法を考えていくのだ。

攻撃の細かい作戦については別項で紹介しているが、ときには効果的な策が浮かばないこともある。

「なかなか見つからんときもあるんですよね。それはしょうがない。ただ、選手にそれを見せたらいけんのですよ。例えば、初回からバントしたことないのに、バントするとか。『監督がこんなことした。いつも通りじゃない』となると、選手がちょっとびびったりするんです」

どんなときも表情に出さず、いつも通りベンチに座っている。慌てず、冷静沈着にいることで選手も安心できる。たとえ劣勢でも、どっしりとした姿を見せることもまた監督の采配なのだ。

法則61 不調のピッチャーを試合の途中で修正させる

迫田監督が如水館の監督になって甲子園で14試合戦っているが、なんと全14試合で相手に先制点を許している。先制点を狙うのが野球のセオリーだけにこんなチームは他にない。ちなみに、戦績は6勝8敗。二つ負け越してはいるが、明徳義塾（馬淵史郎監督就任後）13勝20敗、履正社（岡田龍生監督）4勝10敗、龍谷大平安（原田英彦監督就任後）6勝11敗、近江（多賀章仁監督就任後）3勝12敗など強豪校でも先制された試合は大きく負け越しているチームが多いなか、善戦しているといっていい。なぜ、このような戦いができるのか。

「弱いチームが先制して、10割の力を出せるかいうたら、かえってそっちのほうが少ないと思いますね。決して先に点をやるようなことはないんですけど、あきらめずにこうやってごらんと言ったら、それを聞いて選手が思うようになりだすことがある。言い方をよくすれば、如水館の迫田いうのは、点を取られてから本気になるんじゃというように相手が考えてくれたりするんですよね」

力のないチームが長いイニングを守り抜くのは難しいというのが迫田監督の考え方。だから、慌てずゆっくり追いかければいい。選手たちがその展開に慣れ、先制されるのが如水館のパターンというようになれば、相手を心理戦に持ち込むことができる。２０１１年夏の甲子園で3試合連続で延長戦勝利を挙げたときは、まさに「後半勝負になれば如水館」というイメージができていた。

ただ、攻撃力があるわけではないため、大量失点してしまうと苦しい。失点しても、最少失点にとどめる必要がある。

「私が甲子園を見させてもらって思うのが、ほとんどの監督さんが（失点した）ピッチャーをブルペンで直されんいうのが一番ですね。バッティングは直す方がいるんですが、ピッチャーを直す方は今までほとんど見たことないですね。私は絶対調整させます。ブルペンで投げさせます。

そのときに全力投球するヤツは絶対ダメです。マウンドではもっと力入れて投げるんです。だからボールが死ぬんです。7~8割で投げて、(打者が)タイミングが取れんぐらいのボールを投げれるようになったらOK。マウンドに行ったら目いっぱい投げますから、いわゆる指にかかったボールになるんですよね。こういったことも平生の練習や試合の中に入れとかないけんのです。高校野球は一戦ですから、守りで何点までに抑えると計算できないと攻撃もできないんです」

本来の調子が出ない場合、力んで投げていることが多い。そのため、ブルペンで力を抜いた投球をさせる。ときにはシャドーピッチングで調整させることもある。投手自身にはもちろんだが、監督にも投手を修正する能力がなければKOされるのを待つばかりになってしまう。いかにして途中で修正するか。調子が悪いときの練習をどれだけしておくかが重要だ。

法則 62 先制されてもゆるくいく

勝とうとしない――。

迫田野球をひとことで表すとすれば、この表現が適切だろう。「6回まで1、2点ビハインドならOK」が合言葉。とにかく、攻めてこない。相手に先手を取られても気にしない。むしろ、先制されてから試合が始まるかのようだ。積極的に攻める野球が主流になっている今、異彩を放っているといっていい。攻めてこないだけに相手に与える怖さはないが、そこに油断すると痛い目に遭う。いつのまにか、負けパターンに持ち込まれているからだ。たとえ先制点を取っていても、それが如水館のペースということもある。

その象徴といえるのが、「点を取ろうとしない攻撃」だ。これは、どういうことなのか。

「私自身が試合をたくさん観とるからわかるんですが、『ここで無駄に点を取ったらいけん』ということがあるんですよ。無駄いうのは、必死に点を取りにいくことがマイナスになることがあるということ。点を取ったことで、かえってチームが硬くなってエラーが出るとかはよくあるんです。だから、私は言いますからね。『ここは点入らんでもいいけな』って」

チャンスが来れば、点を取ろうとするのが当たり前だ。だが、迫田監督は〝時〟が来るまで待つ。選手たちには、例えばこんな言葉をかける。

「これはもらったチャンスで、決して自分たちでつくったチャンスじゃないから、こうせないけん、ああせないけんとか思わんでええ。『お前、打てよ』とか『絶対、還せよ』とか周りから約束事をつくると難しいから、リラックスしてやったらいい」

打とうとしすぎず、リラックスすること。これでかえって力みが消え、逆に点数が入ることもある。だが、それはあくまでうれしい誤算。点が入らないのが当たり前だ。得点できずに守りにつくときは、選手たちにこんなふうに言う。

「今、点が入らなかったから、こうせないけんとか考えたらダメよ。ゆっくり守んなさい」

点が入らないのが当たり前なのだから、力んで守る必要はない。〝ピンチの後にチャンスあり〟は攻撃側から見る野球界の格言だが、チャンスを逃したからといって「この回はゼロで抑えなければ」と思う必要はない。そうやって、攻撃も守備も〝ゆる〜く〟やるからこそ、大崩れなく終盤まで試合をつくることができる。

「『点が入らんでもええ』と言って打ったらそれでいいんです。ホントは打ったほうがええんじゃけど、それをプレッシャーにして『打たないけん』と思う場面じゃないということ。その見極めを監督がしてやらないけんですね。それなしで、『勝たないけん。打たないけん。守らないけん』と全部しなきゃいけんようにしよったら、それは選手も難しいですよね」

まさにこういう展開になったのが、2005年センバツ1回戦・東筑紫学園戦だった。先発の政岡望が初回に3四死球と2本の安打で3失点。エースの自滅に「極端に言ったら1回で負け試合ですね」。だが、その裏、一死から四球と安打、暴投で二、三塁のチャンスをつくると、二死後、五番・鶴端真吾がセカンド内野安打。二塁走者のオーバーランを狙った二塁手の送球がそれ、2

点を返した。なおも二死二塁で政岡が左中間に三塁打を放って同点。結果的には9回裏サヨナラの5対4で勝利した。

「焦って点を取ろうと思わんでいいぞと言ったんですけどね。そのときの考え方は、3点くれるようなチームは甲子園では勝てんということですよ。冷静に第三者の立場になるわけです。政岡というのはバッティングセンスもええんですが、劣勢のときにはスリーベースを打つようなタイプじゃない。それに打たれるというのは弱点があるなと。ある程度選手の力でやっていて、監督が掌握されて選手にこうですよと指示するチームではないと判断したんです。3点取られたらきついんですが、いい意味での予想外になりました」

3点取られた後にチャンスが来て、なんとかして1点は返さなければいけないと思うところ。だが、指揮官の力が抜けていたことで選手も力まなかった。3点取って余裕があるはずの相手のほうが四球、暴投、エラーとバタバタした。点を取られたからといってガツガツしすぎない。この姿勢が相手には不気味に映ることもあるのだ。

法則63 もらったチャンスでは策を使わない

同じようにやれと言われても、ほとんどの人はマネできないだろう。なぜ、こんなことができるのか。それは、迫田監督ならではの野球観があるからだ。

野球界では〝あげた点数は返ってこない〟という定説がある。エラーや暴投、捕逸など、ミスで与えてしまった点数は取り返せないということだ。裏を返せば、攻撃側からすれば、相手のミスでもらったチャンスで得点すれば、かなりのダメージを与えられるということになる。だが、迫田監督は「もらったチャンスで取らなくていい」と言う。

「もちろん、ええ具合に点が取れたらええんですが、もらったチャンスなのにガツガツして、スクイズであるとか、自分らの策を使うて取るいうのは、私はかえってマイナスになると思います。自由に打っていって点が入ったらええけど、策を使って取りにいった場合は、失敗することが多いですね」

これ以外にも、迫田監督が考える、点を取らなくていい場面がある。

「選手が緊張しとるときですね。緊張しとるのに無理してでも取りなさいといったら、結果はもっと悪くなるんです」

緊張は選手自身が自ら硬くなっている場合だけではない。周りが期待をしすぎたために、打者が力んでしまうような場面も含まれる。迫田監督が例として挙げたのが、1979年夏の甲子園、浪商対池田の試合だった。0対0で迎えた6回裏。浪商は二死二塁のチャンスで打席には牛島和彦（元ロッテ）。ドカベン・香川伸行（元ダイエー）とのバッテリーで人気を博した牛島はこの大会のスター選手。初戦の上尾戦では0対2とリードされた9回二死の土壇場で起死回生の同点2ラン本塁打を放っている。ベンチはもちろん、スタンドもだれもが牛島の一打を期待した。結果は初球を打ってセカンドゴロ。この試合を解説していた迫田監督は、牛島が凡退した後、こう言った。

「次の回、点入りますよ」

7回表、池田は先頭打者がライト前ヒット。右翼手がライトゴロを狙った送球がそれて打者走者は三塁へ進んだ。ここで迫田監督はこう言う。

「牛島君がフォークを投げたら大丈夫ですよ。でも、おそらく投げんでしょう」

案の定、牛島が投げたのはストレート。これを二塁打されて先制点を許した。浪商は9回表にも1点を追加されて0対2で敗れた。

「チャンスで必死に打ちにいったのがマイナスなんです。みんなが『打ってくれ、打ってくれ』とお願いするようになるとバッターにかかってくるんですよ。そうなると、『打たないといけない』となっておかしくなったりするんです」

期待に応えられなかったことで、牛島の投球に力みが出た。それを取り返そうとマウンドでも必死に抑えにかかっているため、ストレートで押してしまった。こういうことがあるから、点を取ろうとしすぎてはいけないのだ。

この他にも、〝同点には追いつくが逆転できない場合、結果的には勝てない〟というのも野球界でよくいわれることだ。同点に追いついたことでホッとしてしまい、結果的に勝ち越しを許してしまう。だが、これはチーム力によると迫田監督は言う。

「力があるのに勝ち越しできんときはいけんのですよ。力があるチームは、勝ち越して初めて自分の力が出る。相手が『やっぱりダメか』となる。反対に力のないチームが勝ち越すと、今度は力が半減するんですよ。勝ったと思うて守りに入る。そこの違いがありますね」

このケースで迫田監督が挙げたのが、以前に観たという試合。初回に3失点し、0対3とリードされたチームが5回にチャンスを迎えた。3対3に追いつき、なおも一死三塁。ここで解説の迫田監督はこう言った。

「スクイズで取ったらダメですよ。1点取ることで勝ち越しにはなりますが、かえって緊張しますよ。打って点を取るならええですよ」

ところが、そのチームはスクイズで勝ち越し点を挙げる。案の定、その後に打たれて4対7で敗れた。

「ピッチャーがアップアップして点を取っとるのに、無理をしてさらに点を取った。相手はランナーがいなくなってピッチャーが立ち直った。点を取ったチームは、勝ち越した途端にピッチャーが『抑えないといけない』と硬くなってぐちゃぐちゃになったんです。結局、リードしてからどういうふうに戦うかなんですよ」

迫田監督の持論は「7回以降を守り抜くのが一番難しい」。勝ち越すなら、逆転するなら、少しでも残りのイニングが少ないほうがいい。プレッシャーを感じながら守るイニングが少ないのに加え、相手は攻撃のイニングが少ないほど焦って力を出せなくなるからだ。

がむしゃらに点を取りにいく場面はもちろんあるが、点を取ろうとガツガツしすぎなくてもいい。点が取れなくても落胆せず、守りに集中していれば、終盤に必ずチャンスはやってくる。

相手はリードしているのに如水館ペース。気づいたら負けパターンに陥っていた――。これこそが迫田野球の理想の展開なのだ。

法則

64

勝てる相手には6回までに決着をつける

当然のことながら、格下相手のときはまた違う話になる。「勝てる相手には6回までに決着をつける」が迫田監督の持論だ。

「6回まである程度リードすれば、相手がダメだというようなイメージを持ちますからね。解説した試合で、4対0の9回に負けている格下のチームがノーアウト満塁になったことがあったんです。アナウンサーは『チャンスですね』と言いましたけど、私は『ダメでしょうね』と。攻めてるほうにひっくり返したろうという気持ちがないんですよ。守っとるほうも『これは大変じゃ』という雰囲気がないんです。だからおそらくこのままですよと言ったんですが、0点でしたね」

ちなみに、格下相手で不利な展開の場合、チャンスで迫田監督はこう声をかける。

「ここはたいしたチームじゃないから、無理に点を取ろうと思わんでええ。まだイニングはあるから、自分らでゆっくりやんなさい」

勝てると思っているチーム相手にリードを許すと、焦りが生まれるもの。そこで策を用いて点を取ろうとすると、選手はかえって硬くなる。だから、あえてそう言うのだ。

「そのほうが結果的に点が入っとることが多いんですね。ホントに点が入らんほうがええんじゃなしに、余裕を持ってやんなさいということ。余裕を持ってやったことで選手がのびのびして、『あいつが打ったんか』という格好になることも多い。『ここは勝負だから、取りにいかないけんですよ』ということは少ないんです」

守りがベースである以上、主を置くのは守備。あくまでも、点を取ろうとしないことが大事。欲しがると逃げていき、欲しがらないと寄ってくる。それが迫田野球における得点の位置づけ。これぐらいの気持ちでなければ、守りの野球を徹底することはできない。

第7章
一体感のあるチームをつくる

法則65 甲子園で通用する選手を1人つくる

まずは、1人。チームをつくる際に迫田監督が考えることだ。

「みんなすごい選手を獲って勝とうとするんですが、そうじゃない。高校野球いうのは、自分で鍛えて選手をつくる。チームの中で1人、甲子園で通用する選手をつくるんです」

如水館の監督になったときもそこから始めた。1994年、三原工と緑ヶ丘女子が統合し、如水館と名前を変えて開校した新設校。迫田監督就任を聞いて56人が入部してきたが、迫田監督が「お前はできとる」と評価しても、周りには1年生しかおらず、甲子園で通用するレベルがわからなかった。そこで迫田監督は強豪校と練習試合を組み、試合後には相手のレギュラーといっしょにノックを受けさせて甲子園レベルを体感させた。

「ピッチャーでもセカンドでもライトでもだれでもいい。とにかく『こいつなら甲子園で通用するじゃろう』というヤツを1人だけ早くつくる。そのためには、まず甲子園に行って試合を観て、甲子園のレベルはこれぐらいとわかるようになるのが一番ですよ。監督にレベルを見る目がなかったら難しい。それがわかって、甲子園レベルが1人できたら、今度はその選手がどういう練習を平生からやっとるかを周りに観察させる。それを学んだら、同じように甲子園で通用するような選手になってきます。1人を2人にして、3人にすればいい。外野手をよくしたら、来年度はもっとよくするように考える。『今年はたまたまいい選手が揃うたんです。次の年はダメなんです』ではダメなんです。いい選手ができたら、次の年はその選手を見習わせてよくする」

まずは1人。ただし、1人ができたらそれをお手本にして継続させるようにする。素材のせいにしてあきらめてはいけない。

法則66 チームづくりの核は4人

技術的に選手として甲子園レベルにするのはまず1人。では、チームとして高いレベルにしていくためには、どうしたらよいのか。

「アマチュアの人はほとんどが全部をよくしようとするんですね。私は4人なんですよ」

チームの中心となる選手、信頼できる選手を4人つくる。ここが出発点だ。

「1学年で4人です。レギュラークラス4人ですよ。ベンチを外れるような選手は話を聞くのが当たり前ですから。その4人は、いわゆる尊敬したかたちで私の言うことをちゃんと聞いてくれるようにする。この4人が、私から言われたことを1人ずつ他のレギュラーの選手に話をするんです。その4人がまた1人ずつ話をする」

核となる4人が監督の考えを理解し、1人に伝える。核となる4人から話を聞いた4人が、また1人に伝える。こうして、監督のイズムを把握した選手を12人つくるのが理想だ。

「12人できたらええんです。ほとんどの方が監督になったらみんなよくしようとするんですね。みんなにええ顔しようとか、みんなよくしようなんて絶対できない。1人つかむのも大変なんですから。1年間によくなるいうたら、12人ですね。それ以上よくしようと思っても難しい。12人できたらあとはついてくるんです。彼らが見本となっていいところ、悪いところを見せる。これができなかったら、いつまでたってもチームは強くならんです」

中核となる最初の4人はレギュラーかつ最上級生でなければならない。

「下級生は入れません。やっぱり、上級生のほうがかける想いが違います。勝負をかけたときは上級生のほうが力になるんじゃないかと思いますね。だから、責任は上級生に負わせます」

以前、キャプテンの他に副キャプテンを5人置いてチームづくりを試みたこともあるが、成功しなかった。チームの顔でもある4人と濃い関係をつくり、4人に自覚を促す。これが最適だと感じている。

「自信を持つと同時に、自分らで責任を持たないけんですよと。４人には、『お前らがわしの言うことを一番聞いてくれないけんし、わしのことを一番わからにゃいけんぞ』と言います。その代わり、『お前らの言うことは聞くよ。今日休みにしてくださいというなら言ってこい。休みにしたるよ』と。怒る場合もまず怒るのは４人です。『お前らがきちっとやれば大丈夫や』と」

部員全員がよくなるのが理想だ。だが、それは理想論にすぎない。実力があり、理解がある選手をつくって、そこから派生させていく。結果的には、それがチーム全体をよくすることにつながる。核燃料を燃やすことによって、チーム全体を燃やしていく。それには、４人の核になる選手をつくるのが大前提なのだ。

法則67 自分がプレーしていなくても勝って喜べる選手をレギュラーにする

こんなところも見ているのか――。

そう思わされたことがある。１９７３年夏の甲子園で優勝した後、広島商は74年のセンバツ、75年の夏の甲子園にも出場。75年夏はベスト４に進んでいる。どちらも、下級生のときにスタンドで優勝を味わった選手たちだ。

「私は優勝したときの写真で1、2年生の顔つきを見て、喜んどる顔のヤツをレギュラーにしました。おもしろない顔しとるヤツを使ってもダメです。自分たちの先輩とか同僚が勝ったときにどんな顔をするか。鍛える前に、そういう喜びのときに無表情のヤツは難しいですね。鍛えてもわかってもらいづらいです」

自分はプレーしていないとはいえ、自分のチームのこと。素直に喜べるかどうかに人間性が出る。素直に喜べる選手は、監督のアドバイスも素直に聞くもの。顔に性格は表れるのだ。些細なところにも選手を知るためのヒントは落ちている。それを指導者は見逃してはいけない。

法則68 「打つ」より「守る」を徹底する

点をやらないのが迫田野球のモットー。守りから鍛えるチームづくりは木製バットの広島商時代から変わらない。

「私の場合は、高校野球は絶対守りです。少々下手でも練習して、なんとか守ることはできるんです。平生の練習の中で、打つことばかりやったって、そんなに打率がよくなることはない。それよりは、野球を知ったほうがよっぽど戦力になりますね。毎試合ホームランを打つのは絶対無理ですから。広商時代、秋の中国大会で優勝して冬から3月まで打って『バッティングようなった』と甲子園に行ったんです。大阪に入って3日寒さが続いたら、バッティングピッチャーが（うまく）投げれんようになる。それで、バッティングもぐちゃぐちゃになるんですよ。だから打つのは力にはならんよと。それより守るほうがきちっとできたら、守りながらある程度様子を見ることができる。打つときに相手が油断したとかスキが見えて、『ここへバントしたれ』『あそこを狙え』というのがわかるんです」

金属バットになったのに加え、ここ数年は筋力トレーニングなどで選手の体格も変化。今まで以上に打撃力重視になっているが、これに迫田監督は警鐘を鳴らす。

「金属バットになって打つことが主になっとるんですね。監督さんにしたら打たすことをするのが一番楽なんじゃないですかね。『打っとけ』『ええで』と言うとけばええんですから。ノックをして『こういう捕り方をしなさい』『こういう送球をしなさい』というのが意外とわからん人が多くて、そういうことが留守になってるような気がしてしょうがないですね」

打つことが多くなり、打てるようになったからといって、攻撃面がすべてプラスになっているわけではない。

「小さい頃から金属バットじゃないですか。オコエ（瑠偉、現東北楽天）選手が木のバットをカンカンと叩いて『ここが芯なんですか？』という時代。プロの選手がバットの芯を叩けん時代ですからね」

芯の位置がわからなくても、力をつけて思い切り振れば打ててしまう。技術よりもパワーが優先になっている。打てるようになることでこんな弊害が出る。

「プロでも外国人選手が難しいのは、打つことしかしないから。守ったときの一生懸命さが薄いんですよ。エラーしても『わしゃ、これだけ打つんじゃけ、これぐらいええやないか。許してくれよ』という格好になる。高校野球はそれじゃいけんのですよ。（トーナメントで）1試合しかないんだから。それだけ守ることに集中せないけんよと」

いくら打ったとしても、その倍の点数を守りで献上してしまえば意味がない。エラーしても点が入らなければいいと考える人もいるが、エラーをすることは投手の球数を増やすことやリズムを崩すことになる。相手の打順を一つ進めることにもなる。その回に点は入らなかったとしても、9回裏二死満塁で九番打者で終わるところを一番打者に回してしまうことになるのだ。野球は9イニングのトータルで競う。自分がエラーした回に点が入らなかったから、そのエラーは勝敗に関係ないということはない。すべてつながっているのだ。5点取っても5点取られるチームは優勝するのは難しい。まずは守り。時代は変わっても、迫田監督はこの考え方を貫いている。

法則69

負ける練習をして弱点に目を向ける

勝つことが、負けにつながることがある。

1970年、迫田監督率いる広島商は無敵の強さを誇った。秋から県内では負け知らずで71年春は中国大会も優勝。夏の大会も勝ち進んで33連勝まで伸ばしたが、広陵に敗れて甲子園出場はならなかった。

「あとで選手に聞いたら『わしらいつか負けるんやないかと思ってた』と。選手というのはそういうもんかと」

67年秋に監督に就任してから3年目。若かったこともあり、試合という試合はとことん勝利にこだわっていた。調子よく連勝していたが、かえってそれがマイナスになったのだ。

「だったら、負けることによって自分らの悪いところを反省しようと。勝ったらなかなか反省ができんのですよ。8回まで悪いことばっかりなのに、9回に逆転勝ちしたら『よかった』ですんでしまう。だから勝つというのは成長が遅いんです。負けとったら、『こうじゃないか、ああじゃないか』と弱点を出せるんですよ。『だからお前ら負けたんじゃ。ここを直したらええんじゃないか』と話ができる。それで負ける練習をしだしたんですよね」

負けは技術練習に活かせるだけではない。迫田監督はこんなこともした。

「今日負けたらグラウンド30周！　夏の大会にエースが風邪ひいて出れんこともあるな。エースが出なんだらお前ら負けるんか？　四番がケガした。どうするんや？　お前ら負けるんか？」

負けたら罰ゲームが待っているだけでなく、その試合にあえて主力選手を出場させないのだ。わざと負けさせるのが目的だったが、実際にそうなったときのための危機管理にもなる。さらに、負けた後は芝居をした。選手たちがグラウンドを走っているのを知らんぷりして、お茶を飲みに行く。しばらく時間をつぶして、まだ走り終わらないうちに帰ってくる。そして、こう言うのだ。

「お前ら、どうした？　何走っとるんだ？　あー、ごめん。わし、忘れとった」

なぜ、わざわざそんな嫌われるようなことをするのか。

「試合の中で悪かったことがあるじゃないですか。『エラーしたあいつが悪い』とか。それが全部なくなるんですね。『監督、忘れとったらしいで。あのまま家に帰ってたら、わしらずっと走っとらないけんやないか。頭に来るなぁ』と。エラーどうこうではなく、矛先が私に来るんです」

負けた原因、走らされた原因をつくった選手を非難する気持ちがなくなり、「監督憎し」の感情になる。選手たちの怒りの矛先が監督一点に集中することになり、選手たちの気持ちも一つになる。結果的には、これでチームに一体感が出るのだ。もちろん、現代で同じことをやると、監督と選手に溝ができてしまう恐れがある。そのときこそチームの核となる4人の出番。あらかじめ監督の意図を伝え、理解したうえで協力してもらうことが必要だ。監督と選手の関係ができているからこその演技。こんなことをしてまでも、チームに一体感を出すことは大事なのだ。

法則70 選手同士で悪い点を指摘し合えるチームにする

日本一になった1973年のチームは、選手同士がお互いの悪い点を指摘し合い、アドバイスし合っていた。なぜ、そうなったのか。きっかけはこんなことだった。

「前の年の72年は、私がものすごく殴ったんですよ。自分でもあまり好きじゃなかったんですが、やりよったんです」

当時は殴るのが当たり前の時代。迫田監督も例外ではなかった。秋の新チームになってもその指導は続いた。ノックでサードがエラーすれば、呼んで殴る。これを続けていると、ショートで主将の金光興二が迫田監督よりも先に怒るようになった。

「今のをなんで捕れんのだ。正面じゃないか」

自分が怒る前に金光が先に言ってしまうため、必然的に迫田監督は黙ることになる。そのうちに、内野手は金光に「監督より先に怒ってください。そしたら殴られんですみますから」と頼むようになった。内野のレギュラーは金光以外下級生。後輩のため、金光が監督より先にダメ出しをするのを心がけているうち、チーム全体がそういう雰囲気になった。ミスが出れば、遠慮せずに選手同士で言い合う。なぜダメだったのか。改善点はどこなのか。厳しい口調でもアドバイスし合うようになった。

「パッと見て、いいとか悪いとか言わないけんのです。ダメなフォームを見て、悪いのがわからん選手はたいしたことないんだ。わかるようになりなさいと」

指摘するためには、しっかり見ないといけない。知識もなければいけない。人に言うためには、自分もしっかりやらなければいけない。相乗効果で、選手たちは監督に怒られるよりも大きく成長した。また、これを継続したことで観察眼が磨かれた。相手を見る力もついたことで、試合でも監督に意見を言うようになった。

「『このピッチャーはちょっと気をつけないといけんな。ひと回りは見ていこう』と言うと、『じゃあ、監督、3回までは点取らんでいいですね。4回以降が勝負ですね』と選手が言うんです。あの当時は、指導者に言われたら、そのことを守るしかない時代ですからね」

指導者の指示が絶対の時代に、選手から意見を言える。だから強かったのだ。

「今は選手同士で言えんですね。自分がエラーしたときのことを考える。そうじゃない。チームが強くなるためにはこういうことができんといけんと言うとるんですけどね」

このときの広商が迫田監督の理想だが、これと同じようなことができていたチームがある。それは、2004年夏、05年夏と甲子園で連覇を達成した駒大苫小牧だ。迫田監督は駒苫の全盛期に練習見学に訪れ、この光景を目の当たりにしている。

「ノックしているコーチが知らん顔しとって、選手同士でああだ、こうだと言ってるんですね。お互い遠慮せず言える。これができ出したらタイムは（規定の1試合）3回でもええんです。監督がタイムをかけても『監督が言ってるのはこういうことだろ。OK、OK』とわかるから1回ですむけど、今はピンチでタイムをかけたら同じイニングにもう1回取らないとおかしくなるんですよ。かえって緊張したりして。3回のタイムは私にとって難しいですね」

監督の考えがわかれば、タイムは必要ない。なぜ、この練習をするのか。なぜ、監督は怒っているのか。監督が話していることとの意味はなんなのか。普段の練習から、一つひとつ理解することで、短いタイムの時間で監督の指示を消化することができる。ピンチに強い選手は考えられる選手。考えられるのは普段から観察している選手、指摘の声が出せる選手。監督が言いそうなことを、どれだけ先取りして言えるようになるか。選手同士でよいアドバイスをし合えるようになれるかどうか。これがチームの運命を決めることになる。

法則71 自分で考え工夫する自主練習の時間を多くとる

「監督が思うとることだけで野球をやっても甲子園では勝てないです。選手が監督の思うこと以上のことをしてくれないといけんのですよ。私の持論ですね。監督が選手に1球1球サインを出されるチームもあるんですが、それは監督がちょっと壊れたら難しいんです」

1から10まで監督の指示に頼っているチームは勝てない。力のないチームの場合は特にいい意味での想定外のプレーやうれしい誤算がなければ、強豪を破ったり、大舞台で勝ち進むことは難しい。

では、どうすればそんなプレーができるようになるのか。それは、普段の練習から自分で考えることだ。如水館ではそのために自主練習の時間を多くとっている。言われたことではなく、自分でやりたい練習をする時間に充てるためだ。

「例えば、『僕はセカンドで三番を打ちたいんです』と言うなら、そのためにはどうしたらええんか。セカンドキャンバス側のゴロが弱いとわかって練習する。変化球打つのが苦手だから変化球打ちを練習する。そうしたときに初めて『三番・セカンドで』と言えるんです。何もなしに三番・セカンドというのは欲望であって、一つも進歩の可能性はないんです。監督が『ホーッ、こんなことしたんか。すごいな』というプレーが出るいうのは、平生の練習の中でその子が考えてやっとるから。私がやれと言ったことをやっとるだけではすごく難しいんです」

監督を驚かせるプレーというのは、自分で判断したものが多い。サインが出なくても、自分で観察し、気づき、できると判断して実行する。その意味で、如水館で伝統となっているのが三盗だ。

雨の中で行われた1998年夏の専大北上戦。如水館は5対6とリードされて7回裏の攻撃を迎えた。先頭の竹玄圭吾が四球で出塁。犠打で一死二塁となった後だった。ノーサインで三盗に成功。一死三塁から松浦孝祐がライトへ犠牲フライを打ち上げて同点とした。試合はこの直後に降雨コールドで引き分け。高校野球は7回で試合が成立するため、この回が無得点なら負けているところだった。

「ウチは三盗はいつでも行ってOKなんです。ただし、100パーセント成功してくださいよと。極端に言うと120パーセントじゃないと走っちゃいけない。竹玄は足は速うない。二盗はできないんです。でも、ピッチャーはランナーを二塁に置くと緊張したり、バッターに集中したりしてスキが出る。足が遅い選手でも走れるんです」

竹玄は如水館がある三原市内に勤務しているため、今でもグラウンドに呼んでそのときの経験談を話してもらっている。そして、13年後。先輩と同じような走塁を見せた選手がいた。2011年夏の一番打者・門田透だ。3回戦の能代商戦の12回裏。1点リードされた一死一、二塁の場面だった。二塁走者の門田が三塁にスタート。サインではなく、自分の判断での盗塁だった。

「門田は50メートル7秒2なんですよ。足は遅いんです。二盗はできないですからね。あれも、サインで走ってたらアウトになってます」

門田はこれだけでは終わらなかった。三盗に成功した直後。一死一、三塁の場面だった。四番の島崎翔真はファーストゴロ。三塁走者は動けない当たりだったが、一塁手がベースに入ろうと背を向けた瞬間に門田はスタート。ホームに飛び込み、同点に追いついた。

「『これは無理や。いやー』と思って見てたんですがね。やっぱり、サインで走っとるんじゃないから、自分で意志を持って走っとるから最後のスライディングも強いんですよね。こういうプレーは、やろうと思ってもこっちの指示ではできないんです」

どちらも自分の判断での走塁。足が速くないため、思い切りだけで走ったわけではない。きっちりと根拠があったからこそ走れた。甲子園の延長という土壇場でいきなりできるものではない。

普段の練習から、こういう場面を想定してきたからこそ走れたのだ。

「実は、9回裏1アウト二塁で浜田がセンターオーバーを打っとるんです。サヨナラだと思ったら、二塁ランナーの安原はホームタッチアウト。安原は50メートル5秒8ですよ。チームで一番足が速いのに、大まわりしてアウトなんです。脚力があるから、そういう練習をしてないんですよ。足が遅いなら遅いなりに平生の練習でやることがある。肩が弱いなら弱いなりにいろんな方法がある。普段の練習でやっていることが、5万人の観衆の中で出るんです。自分にしかできない練習をやらなきゃ、一番大事なところで活躍できんということですね。今は親が全部してやって、何も工夫せずに大きくなってますからね。自分でできることは自分でやって、何か工夫するようなことを身につけさせれば、将来は違ってくると思います」

言われたことだけやっても限界がある。長所、短所を把握し、自分が今何をすべきか考える。普段から考え、工夫しているからこそ、試合の中でも気づくことができる。思い切ったプレーをすることができる。そんな選手を1人でも多く育てるのが指導者の仕事なのだ。

法則 72
練習で10出して試合を7でする

1970年夏の甲子園。初戦こそ秋田商を破ったものの、2回戦で高松商に0対1で敗れた。そのときの経験から学んだことがある。

「普通の学校なら、『ぶざまな野球だけはしない』ですむ。でも、広商だから、『甲子園ではいいところを見せないかん。それが宿命だ』と考えていた。それを思い知らされたんです」

いいところ見せようという考えは、自分の実力以上のものを出そうという意識につながる。実力以上のものを出そうとすると、緊張をしやすくなり、ミスもしやすくなる。結果的には、10のうちの半分の力も出せないということになる。

「とてもじゃないけど10の野球をやるのは難しい。強かったときのPL学園とか、今の大阪桐蔭ならできるかもわからんですけど。私は10の野球をやろうなんて気はないですね。それよりは練習で10出しなさい。試合を7でしなさいと。反対に、練習を7でして、試合を10でしようとする人が多いんです」

世界のホームラン王・王貞治は監督となってから、選手たちにこう言っていた。

「練習のときに楽をするな。練習のときに苦しめ。練習で120パーセントの力で振れ。そうすれば試合は80パーセントの力でいい」

練習は適当にやって、本番で本気でやろうとする人が多いがこれは間違い。本番では、自然と力が入るものだからだ。力みはパフォーマンスの低下につながる。これとは逆に、普段の練習で120パーセントまで力んでいれば、本番で最大限の力が出せなかったとしても8割の力は出せる。普段の練習で最大出力を上げているからこそ、本来の力が出なくても他の人よりも大きな力を発揮できるのだ。

「甲子園はにせものは通用せんのです。どんなにうまいといってもダメ。ケンカが強い、度胸があるというても、そんなものは甲子園では全然ダメ。かえっておかしゅうなるんです」

オレはうまいから練習で手を抜いていても大丈夫。オレは度胸があるから試合で力を発揮できる。こんなうぬぼれは、マイナスにしかならない。

「これは私の説なんですが、警察官が制服を脱いで警察官とわかるようじゃダメなんです。監督が私服になって『野球に関係しとられるでしょう』と言われるようじゃダメなんです。長嶋（茂雄）さんはユニフォームを脱いだら、ただのおじさん。『あれがミスターなの？』という感じでいるんです。金光も普段は女の子に腕相撲で負けそうな雰囲気なのに、ユニフォームを着たら全然違う。私にも向かってくる感じになる。野球人というと、みんな普段からぎゃんぎゃん言うと思うとるんですよね。そうじゃない。人間は、職業が私服に出てるようならたいしたことないんです。ユニフォームを脱いだらまったく別人にならないとダメ。ユニフォームを着たときにガラッと変わってすごいなと思わせるのがいい選手なんです」

オンとオフをきっちりしているからこそ、スイッチが入ったときに120パーセントの力が発揮できる。

「そういうことが、平生の練習を10でできるかにつながるんです。つまらんことを10でやらなきゃダメなんですよ」

毎日やるキャッチボールはついつい手を抜きがちだ。だが、特別なことではないからこそ、いかに10でできるかが重要になる。当たり前のことを10でやり続けられる人が、大舞台で実力を発揮できるのだ。

法則73 練習試合は課題を持って行う

普段の練習と合わせて、練習試合も貴重なチームづくりの場だ。

試合と名前がつくとすべて勝ちにいく指導者もいるが、迫田監督はそうはしない。

「練習試合いうのは、あくまでも練習試合なんです。勝つとか負けるじゃなしに、『この選手のために5試合使います』というのもあるんです」

例えば、期待して新しく起用する選手やコンバートをする選手などがそうだ。

「打つ、守る、走る。結果は全然関係ないから5試合やってみて、使えるかどうか試そうと。他にはこのピッチャーが先発ができるかどうか、リリーフができるかどうか。そのリリーフもランナーがいる場面じゃまだ難しい。それならランナーがいないときに放らせようとか。サイドスローで左バッターに対する投球ができんから、わざと左バッターのときに投げさせてみようとか。いろんな課題を持ってやることが大事なんです」

サインを出すときも同じだ。必ず、課題を持ってやる。

「10点も入ってスクイズをする人がいますよね。なんでスクイズしたのかと聞くと、『練習したんです』と言う。甲子園でも同じようなことがあるんですが、10点も入って練習なんてできません。緊張してやる場合とリラックスしてやる場合は違うんですから」

本番でやる場面と似た場面でやらなければ、練習にはならない。ノープレッシャーではたとえ成功したとしても自己満足にしかならない。

「サインはわざとその日に簡単なのを作ります。よそのチームが偵察で見に来ますからね。さらに、偵察隊にわざとサインをわからせるようにします。もちろん、わざとそういうことをしていると選手に説明せんとダメですけどね」

勝つために何が必要なのか。チームにも、個人にも課題を設定する。それをどうクリアするのかを考える。このくり返しで引き出しを増やし、精度を上げることが練習試合をやる意味なのだ。

法則 74 控え選手の過ごし方がチームのムードをつくる

少しの気の緩みが、チームが崩れるきっかけになる。

1973年の夏。センバツ準優勝のリベンジを果たすべく大阪入りした広島商ナインだったが、春とは宿舎での雰囲気が違った。悪い意味で緊張感が違ったのだ。原因は旅館に泊まっている選手の数だった。春は選手14名とマネジャー1名の計15名だったが、夏は来年度のことも考えて控えの2年生を10名加えた25名で宿舎入りしていた。

「外へ出れんから中で将棋やトランプをして遊ぶじゃないですか。そのとき、3年生1人に対して2年生が4、5人つくんです。その2年生が負けそうになると『まぁ、ええじゃないですか』

と〝待った〟をかけるんです。そこらが他にも出だしたんですよ」

練習場へ移動するために電車に乗っても、一般客が立っているにもかかわらず平気で座る。練習で2年生がミスをして3年生が怒っても、「そんなこと言わんでええじゃないですか」と言う。捕手の達川光男は、宿泊先の旅館のおかみさんから、こんなことを言われた。

「春はみんな礼儀正しくて、あいさつもしっかりできて、素晴らしい高校生やと思ったけど。夏は少し乱れとるよ。履き物もそろっとらんよ」

あまりの緩みように迫田監督は畠山部長と相談。「これはいけん」と3日で2年生10名を別の宿舎に移した。

だが、3回戦の日田林工戦の前日練習で〝事件〟は起こった。フリー打撃をしていた達川が、下級生の投手にあわや死球というボールを投げられたのだ。達川はバットを放り投げ、打つのをやめてしまった。目に余る2年生の態度や行動に3年生はミーティング。キャプテンの金光興二、達川らは泣きながら迫田監督にこう訴えた。

「2年生はやる気がない。こんなんなら僕らは負けて帰りたい」

これに驚いた迫田監督は、叱り飛ばした。

「バカタレ。何を考えとるんか。お前ら、センバツは優勝戦で負けて、夏は優勝しようと来たんじゃないのか。2年のためにやりよるんか？　お前らのためじゃろうが」

ごたごたした雰囲気のまま臨んだ日田林工戦は甲子園初の2ランスクイズを決めたものの、3対2の辛勝。メンバー以外の気の緩み、チーム全体の雰囲気が試合にそのまま出ることを実感した。

「3年は優勝する気持ちで来とるから聖人君子ですよね。ちょっとしたことも許さんような感じです。ところが、2年はダラダラ。わずか3日、2年を10名宿舎に入れただけで乱れるんですね。3日で宿舎を出しても、その余韻があっておかしいのが出る。2年もしっかりさせないかんなと痛感しました」

レギュラーだけよければいいのではない。高校野球は控え選手がチームのムードをつくるもの。たとえ試合に出なくても、その選手たちがどんな過ごし方をするかでチームの雰囲気はつくられる。監督はそこにも目を配らなければいけない。

迫田守昭の勝負哲学

迫田守昭

さこだ・もりあき／広島新庄高校監督。1945年9月24日、広島県生まれ。広島商―慶大―三菱重工広島。三菱重工広島の監督として1979年に都市対抗で優勝。2000年秋に広島商監督に就任し、甲子園に春夏1度ずつ出場。07年秋より広島新庄監督に就任し、甲子園に春夏合計3度出場している。迫田穆成監督の実弟。

三菱重工広島の監督として1979年の都市対抗で中国勢初優勝を果たした迫田守昭監督。その後は広島商を率いて二度の甲子園を経験。2007年秋に広島新庄の監督に就任すると、広島北部の寒冷地にある無名のチームを三度甲子園に導いた。迫田監督になって田口麗斗（現巨人）、堀瑞輝（現北海道日本ハム）ら好投手を輩出しているが、決して強打のチームではない。実兄の迫田穆成監督同様、堅実な守りの野球だ。攻撃野球が全盛の中、守備型チームでどのように全国の強豪に立ち向かうのか。迫田監督の考えの一端を披露してもらった。

監督も選手も頭を使うことを楽しむ

能力の高い選手をいかに集められるか。体重を増やし、筋力トレーニングをしていかに身体づくりをするか。パワーにものをいわせた野球ができるか。現代の高校野球はこういう流れになっている。ひとことでいえば、スカウティング勝負の能力野球だ。迫田監督も高校野球の現状は把握している。

「要するによく打って、いいピッチャーで勝つという状況でしかないですね。どこも力勝負なんです。力いっぱい振る。そのための筋力をつける。身体の大きな選手からどんどん連れてきてね。

技術に走りすぎとるんじゃないかなと思います」

そうなると「ウチはいい選手が獲れない」と嘆くことになりがちだが、迫田監督のとらえ方は違う。

「それがあるからなんとかやっていけてるんですよ。みんなが同じように頭を使いながらやろうとしたら勝てません。私らがやってて、あっと驚くような『こんなこと考えられたか』というのはないです。ええ選手を集めて力の勝負をやろうというチームが多いから、なんとか勝てるケースが出てくる。ええ選手が来れば強いのは当たり前ですけど、そんなことは難しい。今いる人間でいかに勝つかを考えなきゃいけないですよね。それは考えますよ。ものすごく考えます。大げさに言うたら、徹夜して考えるぐらいです。相手のチームのビデオを観ながら研究したり、試合を観ながらでも、どこか弱点がないか、どこを攻めればいいかは徹底して考えます」

迫田野球らしさが出たのは2015年夏の広島大会決勝・市呉戦。初回裏の攻撃だった。二死一、三塁の場面でホームスチールで先制点を挙げたのだ。

「相手のピッチャーは左です。間違いなくけん制が来るんですよ。準決勝の広陵戦ではけん制が67回ですから。最低でも1、2回は必ず投げる。けん制するのがリズムみたいな感じなんです。しかもゆっくり放るんですよ。間違いなくファーストへけん制を投げますから、その間に一塁ランナーが走る。左ですから後ろは見えんでしょう。モーションを起こしたときに三塁ランナーが走ればセーフになると」

ところが、このときは投手がけん制球を投げなかった。三塁ランナーの単独ホームスチールと同じかたちになったが、投球がワンバウンド。捕手はなんとか捕球したが、一瞬タッチが遅れてセーフになった。この作戦に備えて一塁ランナーは投手がモーションを起こすと同時にスタートする練習をしていたが、それだけで終わらないのが迫田監督。しっかりと打者にも準備をさせていた。

「ピッチャーがホームに放ってきたとき、0ストライク、1ストライクのときはバントでファウルにしなさいよと。ところが2ストライクの場合は振らなきゃいけない。そのときはしょうがない。ボールは見逃して、ストライクは打てと」

この試合の決勝点も足技がきっかけだった。4回裏二死一塁から盗塁で二死二塁となってタイムリー。さらにタイムリーの走者が二盗してタイムリー。この2点が功を奏し、3対1で勝利したのだ。この二つの盗塁もけん制を利用したものだった。選手たちに迫田監督はこう言った。

「必ずけん制が来るよ。ただしゆるいけん制だから。ファーストの子が右投げなので、しっかり走れば、背中に当たるか、きれいにタッチできるようないいボールを放るのは難しいよ。アウトになっていいから走んなさい」

けん制のモーションと同時にスタートするため、観ている人にはけん制で挟まれたように見えるが、これこそが迫田監督の狙い。前日にはけん制の際にそのままスタートする練習をくり返していた。

「だれも考えません、こんなことは。ホントに楽しいし、おもしろいですよ。ただこれは、毎日ミーティングしないとできないです。今日急にやれと言ってもできないんです。事前にああしよう、こうしようとやっとかんとね。試合で出してないこともまだまだいっぱいあるんですよ。それは、これをやらん限り点を取れんというときにやる。いつもやるもんじゃない。1年間まったく使わないことだってあるんですから。だけど、練習はしてます。けん制で走ったこの作戦も、このときだけ。それ以外、全然やってないんですから」

打てないなら、相手を研究する。頭を使う、足を使う。やればやるほど相手から警戒されるため、バリエーションが多くなければいけない。精度も高くなければいけない。例えば、初回に使った一、三塁のダブルスチールだけでも複数種類がある。三塁走者は捕手が二塁に送球すると同時にスタートする、捕手の送球が高いときだけスタートする、一塁ランナーが挟まれてランダウンプレーになったらスタートする……。15年夏の甲子園・早稲田実戦では4回裏二死一、三塁でダブルスチールを敢行した。左投手の背後の三塁走者が先にスタート。遅れて一塁走者がスタートを切る。捕手の加藤雅樹は三塁走者のスタートに気づかず、二塁に投げようとした直前に気づいたため、送球を地面に叩きつけてしまった。この間に一塁走者は三塁進塁。会心の走塁だった。

「一塁ランナーはキャッチャーが捕った瞬間、投げる体勢の前にスタート。投げようという意識があったときに走るんです。投げないと思ったら走っちゃいかん。だから練習しないと難しいんです。左ピッチャーのときはそんなにリードも取れないし、スタートはあまり早くしないから、キャッチャーはアウトになると思うんです。アウトにできるという状況でスタート。あまり早かったら投げないでしょ。ホームに還そうというときは絶対投げさせなきゃいけんわけですから。頭がいるんです。だからものすごく難しい」

複数の種類から相手の捕手を見て、どれを使うか決める。このときはプロからも注目されていた大型捕手の加藤だった。

「それは試合を観てたらわかるんですよ。二死一、三塁のケースでセカンドへ投げてくるチームと投げないチームは歴然としてます。自信があるところほど投げてきます」

どれだけ多くの引き出しを用意して、どの引き出しを使うのか。これを考えるのが迫田監督の仕事であり、楽しみ。作戦が当たるから選手も楽しくなってより積極的に取り組むようになる。

打てないことを楽しめるかどうか。頭を使うことを楽しめるかどうか。監督も選手もそれを楽しんでいるのが広島新庄。楽しむ気持ちがないと、どんなにいい作戦を練っても決まらないのだ。

頭を鍛え、優越感を持つ状態をつくる

引き出しを増やすための努力と準備は怠らない。それが迫田流だ。

「大げさに言ったら、3年間練習して1回も使ってないのもあります。それでも1週間に1回か2回は必ず練習します」

練習するプレーとしては、例えば、走者一、三塁でキャッチャーへのファウルフライが飛んだとき。一塁走者が二塁へタッチアップ。捕手が二塁へ送球すると同時に三塁走者が本塁を突く。他にはこんなプレーもある。

「ランナー一塁で内野フライが上がったときに捕らないプレーです」

一塁走者が俊足で打者が大柄など鈍足の場合、内野フライが上がるとわざと捕らずにワンバウンドで捕球。二塁でフォースアウトを狙う。一塁走者を入れかえて機動力の使った攻撃をさせないためだ。

「走られる可能性があるランナーをそのまま置いておくのと、絶対走らんというのがランナーではは戦力が全然違います。このバッターの内野フライは捕っちゃいかんよというサインがあるんですよ」

一見簡単そうだが、このプレーは練習が必要だ。フェアかファウルか微妙な当たりではできないし、外野手も近くまで追ってくるような内野フライでもできない。フライが上がったときに、どこまでの範囲なら捕るのか、落とすのかを念入りに確認しておかなければいけない。

「内野がイージーに捕れるフライですね。外野が捕るかどうかわからないのは危ないでしょう。これは1年間に一つあるか二つあるかでしょうね。ただ、間違いなくアウトになります。内野フライは一塁ランナーは戻りますから。わざと落とすといっても触りません。ルール違反でもなんでもないですからね」

この他にもいろいろなプレーがあり、サインは30~40はあるという。

「だれでもできて、自分のチームに有利になることはないかいつも考えてます」

広島新庄の練習時間は2時間半と短い。にもかかわらず、年に数回あるかないかのプレーを練習するのは時間がもったいないと思う人がいるかもしれないが、練習をするのには他にも理由がある。

「僕たちはこういう練習をしとるんだと思えるでしょう。いざというときに使えるかもしれんというだけじゃなく、他のチームはやってないだろうと優越感を持って試合に臨める。一部の強豪みたいに大学に行っても全員試合に出て、プロに入れる選手ばっかりだったらしませんよ。そういう学校はいい選手を獲って技術を上げればいい。彼らに勝つためにわれわれがどうするかといったら、力だけではダメです。絶対に考えないと」

相手が予想もしない、見たこともないようなプレーを成功させれば、流れを変えることができる。頭で相手の上をいくことで、選手たちの自信にもつながる。技術面だけに目を向けると相手に見下ろされてしまうが、頭を鍛え、優越感を持つ状態をつくることで対等に戦える可能性が出てくるのだ。

相手に流れを渡さない

細かなプレーを使うため、心理戦にするためには接戦に持ち込むことが必要だ。どんなに相手の意表を突く作戦をくり出したとしても、点差が広がっていれば相手の動揺は誘えない。

「そのためには投手力と守備力は安定しないと。対等に戦えてて、どこかでうっちゃるだけの野球ができないといけない。袋叩きにされると一方的になりますからね。一番いけないのはあっというまに点差をつけられて、反撃のチャンスすらないということ。これは致命傷でしょう。どれだけ防御ができるかが一番の原点ですね」

まずは失点を少なくすること。一方的な展開にしないこと。これが最優先事項になる。

「あんまり打つことに気を遣うなと言いますね。ただし、守るのは神経を使えと。ベンチに帰ってきても、『打席に入ってもあまり打とうと思うな。ゆっくり休め。頭も休め。身体も休め。次の守備のための英気を養っとけ』と言います。前半は点をやらんことを考えて進めていけということですね。休んでることで、基本的には打つことも楽になってくる」

もちろん、打てるにこしたことはない。だが、打撃は水物。強打のチームでも打てない日があるのだから、アテにすることはない。

「ガンガン打ってくれればいいんだけど、ウチの選手の質や層からしてもそうはいかんですね。一本勝負ですから、今日負けたら明日はないでしょ。そうすると、プロのように結果的に打たせて打てなかったとかね、それですんではいけないと思ってるんです。なんらかの形で結果として点を取る作戦を考えないとね。一番思うのは足が速い選手が欲しいということ。少々バッティングが悪くても、足が速ければなんとかなる。打撃に期待して走力がないというチームは最後まで勝てませんね」

迫田監督は1979年、社会人野球・三菱重工広島の監督として都市対抗で優勝を果たしている。この年から金属バットになったが、機動力を絡めた作戦を駆使しての勝利だった。その後、広島商を率いて春夏一度ずつ甲子園出場を果たしているが、社会人から高校の指導者になった直後には失敗をしている。

「広商の監督になった年の選手は、ものすごく能力が高くて、社会人と変わらないぐらい。みんなから期待されとったんですよ。春は県で優勝して中国大会も準優勝。ところが、夏は準決勝で如水館にやられたんです（1対3で敗退）。僕も勘違いしたのは、これだけ打力のいい高校生だから力でいけば勝てると思ったこと。練習でガンガン打ってもアテにならん。所詮、高校生だなと思いましたね。それで考え直さないかんと」

2017年夏の甲子園で大会最多の68本塁打が乱れ飛んだように、現代は攻撃力重視、パワー重視の野球だ。だが、広島新庄で同じ野球をやろうと思っても無理がある。指導者は甲子園で勝っているチームと同じことをやろうとしがちだが、迫田監督はそれよりも確実にできること、相手に流れを渡さないことを重視している。

「初球の甘い球を見送って『なんで見逃すんや』と言いますよね。確かにそういうこともありますけど、ピッチャーがよければよいほど相手に『このチームはしんどいな』という思いをさせて投げささんと。適当に投げとけば全部アウトでは、楽にするばっかりですからね。もちろん、いいボールをどんどん打たせないけんということもあるんです。いいピッチャーに最初にストライクを取られたら苦しいのはわかっとるんです。そうかといって、早く終わるのはよくない。5球で1イニング終わりよったんじゃね。勝負にならんですよ。中には3球で終わるチームもある。ウチは前のバッターが初球でアウトになったら絶対次のバッターは初球を打っちゃいけないという不文律があるんです。少なくとも3球で終わることはまずない。いかに粘れるかが勝負になってきます。簡単にスリーアウトにならんこと」

指導者に「初球から打て」と言われすぎて、難しいボールに手を出すケースは甲子園でも多く見かける。打者有利のカウントで、わざわざ難しい球を打つ必要はない。初球は甘い球が来ることが多いとはいえ、しっかりと選球して打つことが大切だ。

「どんどん打ちなさいというのがもてはやされますけど、2球で2アウトになって、3人目が初球をホームランでも1点しか入らないわけです。カウント3—0からでも打ちなさいというチームもありますよね。2アウトで得点圏にランナーがおって中心打者が打つのはいいけど、やっぱり相手のピッチャーを見て判断できるようにならんと。それはやっぱり指導者の責任でしょう。

解説者や監督は『サインを出しすぎ』とか『選手にもっと考えさせないかん』とか言いますけど、選手はみな弱いもんですよ。普段は偉そうにしてるけど、やっぱり大事なときは監督を頼りにするんですよ。『監督なんか関係あるかい。わしがやったるわい』と言っていても、やっぱり心もとないんです。結局は『監督、助けてください』と言います。だから私は『ここは打っていいよ、待ちなさいよ』と言います」

同じことは守備のときにもいえる。選手任せにせず、大事な場面ではサインを出し、監督が責任を取るようにしている。

「私は相手チームのデータを全部見ますからね。このバッターはこれが強い、弱いというのはわかりますから。このケースでどのボールを投げちゃいかんとかわかるんですよ。キャッチャーにそれを全部わかれと言ってもわからんですよ」

広島県内だけを見渡しても、甲子園を狙える有力校が10チーム程度はある。その10チームの選手の特徴を高校生に覚えろというのは無理な注文。それは監督がやってあげて、ここ一番の場面では手助けをしてやるというのが迫田監督の考えだ。

「キャッチャーにあまり責任を負わしちゃいかんのですよ。わからんわけですから。ところが、今はどこのチームもそんなことしてないです。全部キャッチャー任せ。任せとったらほとんどパターン化します。プロじゃないんですから、配球を選手にやらすのはものすごく酷です。兄貴もそうですけど、私らは、今のボールはどこに投げた、どんなスイングをした、変化球をどれだけ振れた、このボールは危ないなと判断つくんですよ。それはそうでしょ。私は60年、兄貴は70年近く野球やっとるわけですから。それぐらいわからんかったら、私らがおる価値はないんです。キャッチャーは判断つかないですよ。『今のスイングを見てこのボールを投げました』とか『今の見逃し方でこうしました』というのはないんです。高校生はそこまで頭は回りません。周りは『選手の自主性で』と言いますけどね。結局、それが負ける原因になるんです。わからないんですから」

如水館の迫田監督も、「『わかっとるだろう』と思って任せたら、『なんでその球を投げるんじゃ』という球を投げて打たれたことが何度もある」と言っていた。そうやって打たれた場面は何年たっても鮮明に覚えているもの。悔しさは消えない。「やっぱり、指示しておけば……」と思っても後の祭りだ。高校生はピンチになると「自信のある球を投げて打たれても悔いはない」とストレートを思い切って投げるだけになりがち。そんな選択をしていては到底、失点を少なくすることなどできない。強豪相手には1球が致命傷になる。監督が責任を負うことも必要になってくるのだ。

「キャッチャーとの間にサインがあるんですよ。ストライクのコースに1から6まで番号をつけて、今投げたボールはどこのコースか確認するんです。ベンチからはコースがわからないですからね。私はバッターのタイミングや動きを見てます。バッターの体勢を見れば、このボールが危ないとか大丈夫だとかはわかる。4のコースの変化球を見送る子はもうボールを放れば大丈夫とかね。（見立てに）ほとんど狂いはないですよ。狂うのはピッチャーのコントロールですね」

外せとか勝負球を投げろとか、次の投球の意図を伝えるサインもある。そこまでやらないと中途半端な気持ちで投げた1球が命取りになることがあるからだ。

「私はピッチャーの仕事は追い込むことと言ってます。いかにファウルを打たせたりして、追い込んで勝負できるか。これがピッチャーの一番の要素です。それがボール、ボールだと自分が追い込まれる。フォアボールを出すのが嫌だから甘くなる。追い込めんピッチャーは球数が多くなるし、いつも苦しくなる。守ってる人間のリズムも悪くなるので勝てません。中には荒れ球のピッチャーもいますけど、そういうピッチャーはどこかでやられます」

投手がしっかりと捕手の要求通りに投げられるかどうか。制球力がなければどんな計算も成り立たない。

「いかにコントロールのいいピッチャーをつくれるか。難しいですよ。私がインコースに投げなさいと言って投げれるかどうかです。投げれなくて外に来たらダメなんです。負けた試合を後からビデオで観ると、やっぱりピッチャーが思ったところへ投げていない。ピッチャーが間違いなくここへ放れる、変化球を放れるというなら、せいぜい130キロしか出なくても勝ちますよ。なかなかいません。ストレート、変化球、内角、外角、低めにきちっと投げるのは。今は140キロの時代ですが、それができれば130キロでも必ず勝てます。相手のデータはわかってるわけですからね」

サイン通りに投げることさえできれば、大ケガをすることはない。監督の見る目を活かすも殺すも制球力次第。スピードはあるにこしたことはないが、狙ったところへ投げられることがより重要なのを忘れてはいけない。

監督はデータを読み取る眼を養う

監督には見る眼が必要だ。相手を観察、分析する眼はもちろん、データを読み取る眼も必要になってくる。

「データというのは正直でしてね。左に弱いとか右に弱いとか、初回が悪いとかコントロールが悪いとかいうのは、違うというのはほとんどない。だからこの試合が何点勝負かと言って、ほとんど狂わんですよ。3点勝負と見たら、3点まではええよという感じで言える。これが狂ったときは負けます。狂うときは結局はエラーですね」

攻撃でデータが活かしやすいのは盗塁だ。甲子園でも15年夏の早稲田実戦で6盗塁をマークしている。

「基本的には何回けん制しとるかは見ます。3回来るピッチャーに対してはあまりかけません。ケースとしては、最初は2球来るけど、その次は1球しか来ないということがある。そのときは思い切って走らせます。それと、普通のピッチャーだとホームに放るときとけん制が来るときで必ず雰囲気があるんです。例えばちょっと左足が折れたり、右足が折れたり。前を向いたらけん制とか、前を向いたらホームとか、下を向いたままならけん制とか、ものすごくクセがあるんです。クセは選手に必ず言いますから」

もちろん、クセがわからないこともある。そのときはヤマ勘で盗塁をしかけるが、たとえ失敗してもそれは無駄にはならない。

「アウトになってもいいんですよ。けん制されてアウトになると、向こうは『次は走ってこないだろう』と思う。そうやっておいて、ノーアウト一塁の本当ならバントというケース、一番大事なところで走るんです。アウトになることも必要なんです。2アウトからだったら、かえってアウトになったほうがいいかもしれない」

相手の盗塁を封じる際にもデータは重要だ。例えば、14年夏に甲子園4試合で26盗塁を記録した〝機動破壊〟の健大高崎のようなチームと対戦する場合、迫田監督はどうデータを使うのか。

「私なら5回ぐらいけん制させます。あとは、どの選手がどのケースでどうやって走ったかというデータを集めたら、間違いなく走られないです。みんな全員が走ると思ってるでしょ。間違いなく走る選手は決まってます。それと、絶対走るというのは、ピッチャーのモーションが大きいか、キャッチャーがよくないかどっちかなんですよ。普通に走って成功するのは、よっぽど足が速いんです。10何個盗塁しとるといっても、アウトになっても行きなさいというケースかどうか、いいピッチャーのときに走ってるかどうか見ればすぐわかります」

16年夏は実兄率いる如水館と決勝で対戦したが、この年の如水館は機動力を全面に出していた。3回戦の瀬戸内戦、準々決勝の宮島工戦でともに10盗塁するなど5試合で29盗塁を記録していた。

「観てる人や解説者は『走ってくる』と言いましたけど、私は絶対走って来んと思いました。走っているのは相手がぬるいだけなんですよ。ピッチャーが全然ダメなんです。ウチは左ピッチャーですし、けん制がうまいですから1回も走ってきませんでした」

盗塁が多いチームに対してはウエストが有効。迫田監督は要所でウエストをさせる。

「ウエストしたときはボールになって損をしたと思いますけどね。ピッチャーは本気で放ってもボールになることはいっぱいあるんですから。ウエストが相手に与える影響はものすごく大きいんですよ。1回したら警戒する。2回もやればものすごく警戒する。それにけん制を加えたら、まず何度も走られることはないです。だから、(大事なのは) 監督なんです」

野球は普通に投げて、送球すればアウトになるようにできている。俊足の走者でも二盗のタイムは3・4秒程度。投手がクイック1・2以内で投げ、捕手が二塁送球2・1以内で投げれば、よっぽどの韋駄天以外はアウトだ。

「それでも走ってくるチームは独特のものを持ってるんですよ。それを消すためにどうしたらええかといったら、データを調べること。どの選手が何球目に走ってるか、けん制を何球投げてるか。答えはすぐに出てきます」

甲子園でもチーム盗塁数が多いとすぐに「機動力のあるチーム」と表現するが、実際には弱いチーム相手に数を稼いでいるだけということも少なくない。数字に惑わされず、内容まで見て、本当に走れるチームなのか、本当に走れる選手はだれなのかなどを見抜けなければ監督は務まらない。

一か所打撃で審判をして選手の特徴を見極める

豊富な経験による見る眼はオーダーを考えるときにも活かされる。迫田監督はしばしば打順や選手を変える。スタメンが毎試合違うというのは珍しくない。これは、個々の力ではなく、チーム一丸となって攻略しようという意識の表れでもある。

「それは相手ピッチャーとの兼ね合いですね。私の見た目で、『こいつはこのピッチャーの球は打てない』と思えば、下げるか選手を代えるか。60年やってきて、それがわからんかったら意味がないでしょう。それでは私が監督をやっとる意味がないです」

15年夏の甲子園2回戦・早稲田実との試合では二番で起用した小笠原慎と七番で使った小泉時生を1打席、三番に抜擢した加藤雅也を2打席で交代した。

「合わないと思いました。最初から『これは打てない』と思いましたね。安心して三、四番を任せるとか、こいつが打てなきゃしょうがないというんであればそうするんですが、『もしかしたら可能性があるかな』という感じで使ってますから。やっぱり無理かと思えば代える。当然、攻撃力だけじゃなく守備のほうにも影響するんですよ。守備はこいつのほうがいい、打てないなら守りのいいほうにしようということですね。それぐらい考えれんかったらやっても意味がないというのが僕の考えです。その代わり、相手のことはよく見ます。合うはずだと思っても、全然合わなかったりは当然ありますけどね。打たないから罰則で代えるとかじゃないです。『この次打たせても難しいな』という場合は、守備優先で出します」

自分の眼を信じて選手起用をする。もし、合わないと感じたらスパッと代え、守り優先に転じる。監督には、思い切りも必要だ。

では、なぜ、思い切った起用ができるのか。それは徹底的に観察しているからだ。データというと相手チームの分析ばかりに意識がいきがちだが、迫田監督は自分のチームのデータを得ることも重視。それを選手起用や配球、狙い球の指示に活かしている。自チームの情報を得るのは、主にゲーム形式で行う一か所打撃だ。投手のためにやる場合はカウント2ボール1ストライク、打者のためにやるときは1ボール2ストライクから始める。

「バッターはいかに1球をしのいでなんとかするか。ピッチャーは打者有利からいかに打ち取るかをずっとやります。ピッチャーについてはそれが一番いい方法だと思いますね。ウチはほとんどピッチング練習をすることはないんですよ。シーズンを通してだいたい試合形式です。ピッチャーが投げるときは必ずカウントもつける。それで全部私が審判をしますから。審判をしながら、このボールがどこまで通用するか、どのボールがダメか。バッターもこの子はここがダメだとかを見る。キャンプでプロの監督が後ろに陣取って見てますけど、全然ダメです。やっぱり、『このボールでここへ来れば打ち取れる』とか、『こいつはまだダメだ』とか一番近くで見ることが大事。後ろのほうで見るのと審判して見るのとでは、ボールの回転にしろ、変化にしろ、伸びにしろ全然違います。そうやって選手の力を把握して、いかに試合の中でそのボールを放らすことができるか。バッターならそのボールを打てるかどうか。それがそのまま試合ですから」

一か所打撃をくり返すことで、自分の中にデータを蓄積していく。内角が苦手、変化球が苦手など打者の特徴と相手投手の特徴を照らし合わせてスタメンを決定する。

「このバッターはこの球は打てないけど、この球は打てるというのはあるんですよ。それを見て選手を決める。別に気分で起用したとかじゃないんです。もしかしたら……という期待で出すんです。だから、みんなわかってると思いますよ。見逃し方とかタイミングとかで1打席で代えられる。逆に、アウトになってもしっかり振れて、きちっとスイングできていれば、たぶん続けて出られるだろうというのが。私は野球は確率だと思ってますから」

73歳になっても毎日、自ら審判を務めている監督は全国でも他にいないだろう。だれよりも一番近いところで見ているという自信と経験が自分の眼を信じることにつながる。

守備力を見極めるのは毎日のノック。サードから順番にショート、セカンド、ファーストと打っていくが、このときに大事なのはだれが最初にエラーするかだ。

「最初にエラーする子はだいたい試合でもエラーします。難しいボールを打ってるわけじゃないですから。最初にエラーする子は他の子に比べて基本的な捕球体勢ができてないんです。エラーしない子は試合でもほとんどしません。だから、その確率でメンバーを選ぶんですよ。うかつに見てないですよ。『こいつが最初にエラーしたか。またエラーしたか』というのは間違いない。試合になったらそれ以上に出てくるんです。間違いなく確率です。10本打って3本エラーする子は、試合では3本に1本やります。それでメンバーを替えたりもします」

ちなみに、毎日の内野ノックの本数はボールファーストが5本、ダブルプレーが4本、ショートゴロ、セカンドゴロで三塁送球するのを入れても12〜13本だ。それ以外は30分個人ノックをやる。その際に受けるのは50〜60本程度だ。

「こいつのバッティングをなんとか活かしたいというときは、とにかく英才教育です。100本も200本も個人ノックをやらせます。それでもダメな場合は少々打てなくても守備が安心だなという子を据えます」

自身の判断基準と確率を持ち、それをもとに使える選手を見極めていく。自分の眼を信じているからこそ思い切った選手起用も選手交代もできるのだ。

やるべきことを「すべき集」にまとめる

大味な試合にしないためには、やるべきことをきっちりやることが大事。自ら崩れては勝負にならないからだ。そのために、迫田監督は〝すべき集〟を作成している。

「技術でやれないことをやれとは言いません。だけど、だれでもできることは絶対やらないとダメ。女の子でも教えたらできることはやらないとダメなんです。他のことではそんなに怒らないけど、このことについてはものすごく怒ります」

〝すべき集〟は投手・守備・打撃・走塁の各分野それぞれ50以上あり、合計200項目以上になる。広島商時代から作り始めたものが、赴任当初は県大会ベスト8の経験もなかった弱者の広島新庄に来たことでどんどん増えた。いわば、迫田野球の公式だ。例えば、こんなことがある。

すべき集――迫田野球の公式

○内野と外野がボールを追ったとき、ＯＫであれば外野が捕る

○センターとレフトが打球を追ったときはセンターが捕る

○2ストライクから3球粘ったら合格

○初球凡退後の次打者は初球ウェーティング

○ランダウンプレーではボールを持った野手は右手に持って相手に見せる、偽投はしない、投げたら必ず投げた手の方向に回って当たらないようにする

基本的なことだが、意外と徹底されていないことばかりだ。この他には、迫田監督が長年の経験で発見したことも含まれている。

○ピッチャーの球が高めに浮くときはキャッチャーはミットを反対にしてやる

「おもしろいもんで、高めに浮く子は、ミットを逆にする（下に向ける）と意外と低めに来るんですよ。それから、ピッチャーがストライクが入らんケースがあるでしょ。こういうときは、まっすぐばっかり放るとかえって入らない。特に球が速いピッチャーほどね。だからこういうのもあります」

○どうせボールなら変化球を放ればいい

数ある公式の中でも、迫田監督が練習が必要だと感じているのが中継プレー。外野がバックホームするときにカットをするのか、ノーカットでいくのか。昔よりも今のほうが判断が下手な捕手が増えているという。

「キャッチャーの判断の公式は、

○二塁ランナーが三塁ベースを踏んだときと、外野手が捕ったときが同じならアウトかセーフかは五分五分

ということ。もちろん足が速ければセーフでしょうし、肩が強くてコントロールがよければアウトです。それより前、ランナーがベースを蹴ってないのに外野手が捕ってるときはだいたいホームには還れないです。逆に捕ったときにベースを回ってればだいたいセーフ。それをキャッチャーがわからないんです。ベースの手前で走ってないのに『ノー（カット）』と言ってみたり、外野からダイレクトで来ないと全然間に合わないのにカットと言ってみたり。ホーム

に放らないで（打者走者を刺すために）セカンドというケースもある。それもできずに全部放らしてみたり……。どのキャッチャーもそうです。一つの目でランナーを見て、もう一つの目で外野手を見る。ベースを蹴ったときと捕ったときを基準にして、足も肩も見る。だから、キャッチャーは頭なんです。どれだけ練習してもダメな子はダメ。判断できない」

この判断基準は三塁コーチャーがよく用いるものだが、キャッチャーもこれを見なければ正確な指示はできない。基本プレーであり、勝敗を分けるプレーだからこそ、何度もくり返して練習する。

「この練習ではまず全部カットしなきゃダメなんです。外野手が内野のカットマンに、カットマンが捕手にストライクを投げることから始めないと、大事なところではアウトになりません。もう一つは、ダイレクトに投げられた不規則なバウンドの送球を、捕手が捕ってタッチすることが難しいのです。だから全部正確にカットできるボールの中から、「ノー」というボールがあるかを判断していく必要があります。カットかノーかセカンドかというのはホントに頭がないとできない。細かい点が一つずつできるか。試合の中でアウト、セーフは1歩、2歩の差ですから。プロでもホームに投げちゃいけないのに投げてセーフ、さらに打者走者に二塁に行かれたりしますよね。ウチらはそういうミスがあったんでは勝てないんですよ。いいプレーをしろではなくて、普通にやってアウトにできるボールをアウトにしよう。セーフのタイミングはしょうがない。その代わり、打者走者を二塁にはやらない。ごく当たり前のことが当たり前にできるのが、やっぱり一番難しいし、大事なことなんです。そういうことの積み重ねですね」

右投げのレフトの場合、送球が右にそれることが多くある。そのため、

○普段のキャッチボールから各選手の球筋を確認しておく

わかっていれば、中継でカットに入るときに捕手との一直線上ではなく、「く」の字に入ることができる。レフト前ヒットで二塁走者を刺すためには最低でも打者のインパクトから6秒8以内にバックホームが完了しなければいけない。細部を詰め、タイムを縮めるにはどうしたらいいかを常に考える。決して派手ではないが、やらなければいけないことが〝すべき集〟には入っている。

「内容はだれでもできることなんですが、大事なことなんですよ。みんながそれを理解したら、戦略的には強い。力じゃない。頭の話ですからね」

強肩がそろう強豪校ならノーカットでストライクがいくかどうかが勝負。だが、こちらは頭で勝負する。野球を覚えることで、能力の差を埋めていく。この作業を楽しめるかどうかもまた勝つために必要なことなのだ。

素手で捕るゴロ捕球を徹底的に行う

「おもしろい練習はないですか?」

取材や講演で全国を回っていると、指導者にも選手にも必ずされるのがこの質問だ。全国で勝ち上がる強豪が目新しい練習をしていると聞けば飛びつく人が多い。だが、成果が出る練習というのは目新しいメニューではない。基本練習で基礎を固めることであり、土台を作ることだ。

「変わった練習をするところが多いんです。大事なのは基本ですよ。基本を地道にやることです」

広島新庄では手で転がされたゴロを素手で捕るゴロ捕球を徹底的に行う。広島とはいえ、冬場は雪に閉ざされる地域。オフシーズンは室内練習場での練習になるため、特に力を入れて行う。

「フットワークよく、低く速くボールのところまで行って、両手で捕って投げる。基本です。ゴロを素手で捕るということは、ボールをしっかり見てなきゃいけないし、顔を近づけて、小鳥をつかまえるように捕らないといけない。グローブで止めて、右手で助ける。グローブで止めるということは、角度的に浅ければ止まらないんです。立てれば止まる。それをするために一番いいのは左足の前で捕ること。その基本姿勢ができる練習をさすだけです。捕った後はトスしたり、バックトスしたりいろいろやってますけど、目に見えてうまくなります。あと練習しとかないけんのは逆シングルとグラブトス。必ずやります。教えるのはその程度ですよ。簡単でしょ。何も目新しいことはない。何かしてうまくなるとかはなくて、ホントに地道にコツコツやらんと技術は身につかない。逆にいえば、それをやれば必ずフットワークもよくなるし、動きもよくなるんです」

基本動作を徹底的にくり返す。おもしろくなく、飽きてくる単純なメニューだが、それを怠らないことが一番の上達の近道なのだ。

「私はバッティングも細かく教えませんけど、それは瞬時の0コンマ何秒の話をね、手をああしろ、こうしろと言ってもできやせんですよ。考えばっかり先に来て、身体が動かない。教えすぎてダメになってる選手はずい分いると思いますよ」

基本を大事にするため、打撃練習では素振りを重視。投手を想定してセンター返しや右打ち、変化球打ちなどをイメージして振る。マシン打撃をする場合も逆方向へ強い打球を打つことを徹底。細かい技術指導は行わない。

「長い棒を使ったり、タイヤを使ったりもするんですけど、目新しいこと、変わったことで選手の地力が上がってくるというのは技術的にはあまりないです。問題はいかに筋力を強くするか、柔軟にするか。身体をやわらかくして筋力をつけていくかに尽きるんですね。身体を強くすることで技術力は上がってきます。逆にいえば、身体の力がある程度限界に来たら、技術も伸びないです」

　身体づくりをして、基本練習で基礎となる動きをくり返す。これが技術が伸びるコツだと迫田監督は考えている。ただ、注意してほしいのはゴツい身体をつくるための筋力トレーニングではないということ。あくまでも柔軟性プラス筋力をつけることが狙いだ。田口麗斗（現巨人）が1年生だったときから、専門家に指導を依頼。全員が1週間に2回、2時間みっちりやるようにしている。練習時間は2時間半のため、トレーニング日は残りの練習は30分。その日の野球の練習はキャッチボールや軽いノックをするだけだ。

「それまでもトレーニングは大事だと思っていました。ハンマーでタイヤを叩かせたり、綱登りをしたり、ビール瓶を使ったりいろいろやったけど、あくまでも素人。私は毎日やってましたけど、専門家に聞くと毎日やっちゃダメなんですね」

　野手は上半身、下半身ともにトレーニングを行うが、投手は下半身のみ。これをやって田口、堀瑞輝（現北海道日本ハム）ともに大きく伸びたという。

「2時間といったら相当な時間ですよ。監督としては練習したいんだけど、よく考えたら毎日練習してみんなうまくなるんかといったらそうじゃないでしょ。思い切ってやってみたところ、みんな数値が伸びてきました。風呂上がりにストレッチをやったり、手首や握力を鍛えたりもするんですけど、必ずやることで小さいけどちょっとずつレベルアップするもんなんですよ。それに合わせて技術力も上がる。いっぺんになんでもかんでもうまくなりません。いかに継続してやるかですね」

選手も指導者も見た目が大きく変わることを求めがち。だが、すぐに変わるものはすぐにダメになる。大事な本番で頼りになるのは、地道にコツコツ磨いてきたことだけなのだ。

投手は打者相手に投げて鍛える

守りのチームで勝負するためには、投手力は欠かせない。広島新庄は迫田監督就任以来、田口麗斗、山岡就也（現国学院大）、堀瑞輝ら好投手を続けて輩出している。迫田監督の投手指導法はどのようなものだろうか。

「田口と堀は中学時代から130キロ放れましたが、山岡は115キロ。ただ、コントロールは田口、堀よりよかったので試合に使えました。だんだんスピードが出てきて、卒業する頃には

145キロ放るようになりました」

迫田監督の方針はとにかくまっすぐを磨くこと。3人とも1、2年生時は試合でも95パーセントはストレートしか投げさせなかった。

「まっすぐがまだまだなのに変化球を放らすと、まっすぐがおかしくなるんです。変化球でかわすピッチングを覚えたらろくなことがない。気持ちの部分でもかわすとか逃げるという感覚になりますしね。私はまっすぐを投げれてナンボの世界だと思ってます。変化球は大事なんだけど、先天的なものもありますしね」

ストレートと同様に重視するのがコントロール。データを集めて配球するのが迫田監督のやり方だけに、要求通り投げられなければ試合をつくることはできない。そのために広島新庄でやらせるのが、ステップスローと呼んでいる練習だ。普通にピッチングするように足を上げた後、いったん静止する。そこから身体を回して投げるのだ。これをくり返すことで、ステップした足が着地してから身体を回転することを意識させる。ステップ幅は通常よりもやや狭い5歩から5歩半。下半身でリードして、腕はあとからついてくるというイメージをつけさすのが目的だ。

「このかたちがよくなったら、ものすごくよくなります。ただ、スピードが140~145キロという話になると、これはフォームじゃない。身体の力です。握力とか背筋とか腰回りとかが大きくならんと強いボールは投げれんですよ。だからウチは下半身の筋トレを多くさせるんです。エルゴメーター（ボートの練習用の器具）も毎日1000回ぐらいやらせます。背筋や腕、下半身が強くなりますからね。高校生は一番身体が変化するとき、大人に変わっていくときですから」

球威を上げるために身体づくりは不可欠。だが、いい球を投げればいい投手というわけではない。打者を抑えるのがいい投手。迫田監督が独特なのは打者相手に投げさせて鍛えるところだ。毎日の一か所打撃で投げさせる。カウントは打者のためにやるときが1ボール2ストライク、投手のためにやるときが2ボール1ストライクから始める。

「ピッチャーは少なくともバッターに対して投げて、どれぐらいの力があるか。打たれるか打たれないか。よそがやるのはピッチング練習ですが、ウチはいかに試合の中で力が発揮できるかを重視します。コントロールもそうだし球威もそうなんですが、いかにバッターを抑えるためのピッチングをしてるかということ。セットになれば盗塁されちゃいかんからクイックで投げなきゃいけないですしね」

迫田監督がチェックするのは投球内容。その投手の見せる傾向だ。

「どのタイプに打たれるか。統計を取ってみると、アウトコースは打たれる、変化球は打たれるというのが必ず出てきます。この子はこういうタイプに打たれるというのはどこのチームが相手でもいっしょです。たとえ弱いチームでも打たれるんです」

1日に投げる投球数が気になるが、登板前に投げるのは20~30球。一か所打撃ではだいたい3イニングを投げるが、カウント1―2か2―1から始まるため40球前後。1日合計70球ぐらいだ。

「ピッチング練習しても何もならんですよね。ピッチング練習で試合をすることはできんわけですから。いかにバッターに放れるかですからね。だからきちんとコントロールよく投げるピッチャーがいれば私は使うんですよ」

投手にテーマとして与えるのは、いかに打者の近く、内角に投げられるか。そして原点の外角低めに投げられるかだ。シーズン中は休むのは週に一度月曜のみ。土日は練習試合に登板し、月曜に休む。火曜は自由で、立ち投げなど20~30球。水曜、木曜は一か所打撃で投げ、金曜は立ち投げなど30~40球で調整。土日に備えるのがパターンだ。夏の広島大会では連投が多ければ3回、少なくても2回はあるため、練習から連投を入れている。夏は組み合わせが決まると開幕までの約3週間で、どの練習試合に登板するか、何イニング投げたいか希望を聞き、迫田監督の考えや身体の状況も合わせてスケジュールを組む。

「おもしろいんですよ。試合前に必ず一か所で投げたいという子がおるんです。その逆で投げたくない子もおる。これははっきりしてます。本人が言うてきます。組み合わせを見て、エースをどこに投げさせるのか。2、3番手をどこで先発させるのか、リリーフさせるのか想定して全部やります。そうやってコンディションを作っていきます」

年間通してある程度の球数を投げることになるが、試合以外で1日100球を超えることはないため、故障はしないという。冬場は試合形式ではなくピッチング練習になるが、ここでも100球程度までしか投げさせない。また、何球投げたかも記録させている。

「冬は技術的にマスターしなきゃいけないことがありますよね。それは球数を放らんとマスターできませんから。思い通りに投げられるかどうかというのは、毎日の球数に比例してよくなっていきます。冬は伸びる時期ですからやらないと」

また、忘れてはいけないのがけん制やフィールディング練習だ。勝てる投手になるためには、ここに弱点があってはいけない。

「私は練習の7割はピッチャーにつきっきりです。ピッチャーフィールディングとけん制は練習すれば必ずよくなります。堀なんか入ってきたときはゴロがいったら、捕らんかったり、滑ったり、一塁に悪送球したりでほとんどセーフ。それが、卒業する頃にはピカイチ。これぐらいうまい選手はいないというぐらいになりました」

トレーニングで筋力を鍛え、ステップ投球でフォームを固め、実戦形式をくり返して打者相手の投球をマスターする。けん制、守備練習でスキをなくす。シンプルだが、大事なことが詰まったメニュー。これが好投手を生み出す要因になっている。

常に何かできることがないかを考える

いい選手がいない、力がないと嘆く指導者が多い中、迫田監督は〝弱者〟としての戦い方を楽しんでいる。巨大な敵を倒すために知恵を絞ることが日課になっている。

「兄貴の場合は昔からそうしてきてますから、それが一つの持ち味ですよね。ただ、私の場合はチームの置かれとる状況がそうなんですよ。他のチームのように選手を集めて、力勝負をして、筋力にものをいわせて振り回してという選手がいれば、そっちのほうが楽ですからそうするかもしれない。でも、能力的にホームランが打てる選手がおりもしないのにホームランを打てと言ってもしょうがないでしょう。そういう練習をしてもしょうがない。そうすると、質の違いによって、われわれはどうすればいいのかを考えざるをえないですよね。こういう方法でやっつけられないかとか、どうすれば抑えられるかを考えるのは必要に迫られてるからなんです」

チームの現状や強豪との力の差を考え、勝つための選択として考える野球、スモールベースボールを選んでいる。だから、迫田監督の中には強豪も自分たちと同じような野球をやるべきだという考えはまったくない。

「でもね、世界の野球を観たときに、日本の野球も同じなんですよ。それなのに、今、日本の野球も世界に向かって力の野球になってますよね。日本の民族の持ってる骨格とか筋力とか緻密性とかを考えると私は間違いだと思います。本気になって大リーグと試合して勝てるのは、ピッチャーの緻密さとか、守備の鉄壁さとかで、打力というのはありえない。WBCにしろなんにしろ、日本の持ち味で勝つようにしないと外国人に勝てると思って錯覚してやったらね、それは向こうに本気になってやられたら間違いなくダメでしょ。本気でやれば勝てると勘違いしてるところに無理がある。それはウチの状況に似てるんです。ウチはそれに応じた野球でなんとか活路を見出すしかない」

17年のU―18W杯では早稲田実・清宮幸太郎（現北海道日本ハム）、広陵・中村奨成（現広島）ら日本過去最強といわれた重量打線で臨んだが、アメリカに2安打完封負けを喫した。木製バットではパワー勝負は無理。それなら、相手とは違う持ち味のスピードのある選手で勝負したほうが勝つ可能性はあった。選手選考の段階から「何で勝負するのか」という考え方がずれていたといえる。

「アメリカのパワー野球に対して日本の野球がパワーで勝てるだけのものがあるというのは違いますよね。やっぱり、特長は緻密さとか足でしょう。それが、身体が大きくなったことによって勘違いしとるような気がします。最近の生徒は体格がよくなったけど、外国人とはもともとの骨格からして違うんです。根本が違う。彼らと同じ野球をしても簡単に負けると思いますよ。それは、われわれがそこを求めても勝てないのといっしょ。勝つためにどうするかというと、やっぱり最少失点でしのぐしかない。日本が勝つとしたら、1点か2点に抑えて、なんとか3点もぎ取る。これだと思いますよ」

素材が違うのだから、強い相手と同じことをしようとしても無理。その素材の差は永遠に埋まることはない。それなら、相手がおろそかにしていること、興味を示していない部分を鍛えて、別の戦い方で挑むしかない。同じ野球をすれば10戦10敗だが、違う野球をすれば10試合のうち、一度は勝てるかもしれない。その一度が公式戦ならいいというのが高校野球なのだ。

「大リーグのように力で押して、走って、投げてというのが本当の醍醐味でしょう。一部の強豪校のようにそれができるチームはやればいいんじゃないですか。ただ、われわれがそれをやるには力不足で幼い。なんとか五分に渡りあえる作戦を考えんと勝てないんです。そういう意味では、大部分の学校が細かいことをせざるをえない状況にあると思います。でも、それによって、横綱の学校に勝つことが最大の喜びになっている。また、彼らをしのぐために何をしたのかというのが評価される。これほどありがたいことはないと思います。考えるというのは作戦はもちろん、あの選手にこういうことやらせたらどうかなというのもある。パッと思いつくことがあるんです」

常に何かできることがないかを考える。それが楽しみだけでなく、喜びになっている。あるときは、相手バッテリーを見て、こんなことを考えた。

「キャッチャーはピッチャーに座って返球する、ピッチャーは投げるたびに帽子が必ず落ちるバッテリーがいたんです。しかも、ピッチャーは、毎球キャッチャーからボールをもらってから帽子を取りに行くんです。先に帽子じゃないからボールはグラブにある。それで、投げる手で帽子を取るんですからね。だから、選手に言ったんです。『キャッチャーは座って投げとるだろ？速いボール行くか？　ふわっとしたボールだろ。投げた瞬間に走ったらセーフにならんか？特にサードに走ったらセーフにならんか？　ピッチャーが捕ってすぐサードに投げれるか？　ピッチャーは帽子取りに行っとるだろ。ボールはどこや？　ピッチャーが返球を捕って、その瞬間に走ったらセーフにならんか？』と。そういうことは練習しとかないかんのです。できる子にしかやらせません。頭がよくないとできない。勉強ができる子はそのへんはやっぱりよくわかる。なんで監督はこう言っとるんか。どういうときにやればいいかわかる」

観察、気づき、そして準備。普段から考えているからこそ、発想が沸く。相手が予想もしない作戦ができる。

「力がないところがいかにみんなの力を結集するか。あるいは、考えて勝つか。これがやっぱり高校野球の醍醐味ですよ。考えるのは楽しいですよ。ものすごく楽しい。うらやましいでしょ（笑）」

力に対して頭。真逆だからこそ、作戦がハマるのだ。

2004年夏の甲子園。
今へとつながる、迫田守昭氏（左）の
広島商監督時代

あとがき

迫田穆成監督が広島商の監督として夏の甲子園優勝を果たした１９７３年。木製バットの高校野球が最後となったこの年、アメリカの野球界で大きな転機があった。それは、アメリカン・リーグの指名代打制（ＤＨ制）の採用だ。新制度導入のきっかけは観客動員の不振だった。投手に代わって指名された打者が打席に立てばファンは喜ぶだろうという意図で、当初は3年間の試験的導入だった。当時はハンク・アーロンがベーブ・ルースの持つ歴代最多７１４本塁打にあと41本と迫っている時期。ホームランが話題になることが多く、ＤＨ制にすることで、よりホームランが出やすい野球にしようという狙いが見える。

だが、このとき、海の向こうの改革に疑問符をつける人物がいた。巨人の川上哲治監督だ。川上監督は新聞のインタビューでＤＨ制導入について問われ、こう答えている。

「ア・リーグの指名代打制は観客動員だけのことを考えたものだ。プロ野球は興行だから、もちろん人を入れなければなりません。ところがそれはそれとしても、もっと大きな視野で見ればプロ野球というものは青少年を指導しなくてはならぬ義務があると思います。もし、そのような制度を取り入れると投手は『オレは投げるだけでいい』とか打者は『オレは打つだけでいい』と思うようになるかもしれません。それでは青少年の野球の進歩は止まる。私はこれが恐ろしい。プロ野球の底辺拡大のためにも、マイナスと思いますよ。

もちろんプロだから一番いいプレーを見せなくてはいけないのですが、投手だからといって、素晴らしい投球だけをすればいいというのはおかしいですよ。たとえ打てなくても、〝打つ〟という気構えがなくては投手の資格はないと思いますよ」

当然のことながら、プロ野球と高校野球は違う。だが、このとき川上監督が憂いていたような状況が高校野球で現実になりつつある。ＤＨ制こそ採用されていないが、今や、高校野球でも分業制が当たり前になった。昔は当たり前だったエースで四番の選手は、甲子園1大会で数名程度。クリーンアップを打つ選手すら少なく、多くが下位打線にいる。投手の打撃は当てにされず、ほとんど打撃練習すらさせないチームもある。まさに、投げるだけになっているのだ。自分は自分の仕事をすればいい。高校野球でも、そんな感覚が出てきている。そしてそれが、こんなことにつながっている。迫田監督は言う。

「私は野球は思いやりのスポーツだと思います。それはどういうことか。例を挙げれば、ノーアウト一塁で三遊間にヒット性の打球が飛んだ。これをサードが飛びついて捕るとします。ファインプレーです。ところがセカンドが二塁ベースに入るのが遅れた。サードは二塁ベース上にものすごくええボールを投げとるのに悪送球になって一、三塁。この場合、だれが悪いんかということです。セカンドが遅いじゃないかと言いますけど、野球は投げるほうが主なんです。だから、投げるほうが待って、一つでも殺さにゃいけんのですよ。それが思いやりのスポーツということ。それを『サードはファインプレーしとるのにセカンドが遅い。セカンドがいかん』というのは違います。投げる人がどれだけ相手のことを考えてやれるか。それを今はただ自分が目立ちたいとか、自分の都合でやるんです。思いやりがないいうのはそういうことなんですよ」

まえがきで記した個人競技になっているというのは、こういう部分だ。自分は最高のプレーをしているのに、お前はなんで邪魔をするんだ。オレのファインプレーが台なしじゃないか。そう考える人が増えているのだ。

「ショートが一塁にワンバンの球を投げた。それをファーストが捕ってアウトにした。ショートは『ごめん、ごめん』と言って、ファーストは『OK、OK』と言う。こういうことをやるのが野球で、日本人にはそれが受けてるんですというのがわかってくれたらええんです。だれかがミスをしたときに、自分だったら何ができるか。それぞれができることを見つけてそれをやってみる。それが試合でできれば気分がいいんですよ。みんなが思いやりを持ったことをきちっとできるようになったら、チームは変わってくるんです」

個人主義で思いやりのないプレーを見るたびに、迫田監督は未来の高校野球が不安になる。

「日本でも卓球とかテニスとか個人競技はすごく強くなってるじゃないですか。自分のためなら一生懸命我慢できるんですね。他人のために我慢するのは嫌だし、親も『他人のためには我慢せんでええ。自分が活躍してプロになればいい』と言うんですから。今、高校野球がしっかりせんと、日本がダメになりますよ。自分さえよければええという感じですからね」

まさに迫田監督が心配している状況になっているのが韓国の高校野球だ。日本と並ぶ野球強豪国の韓国だが、３９００近いチームがある日本に対し韓国は74校しかない（17年の全国大会出場校）。迫田監督は数年前、韓国人の記者から取材を受けた際に、韓国の高校野球事情を知らされた。

「韓国で本当に力があるのは10～15チームです。それらのチームは野球しかしてないんです。プロ野球から1億円もらって運営をしてる。だから高校の監督は選手を育てて、プロに送るのが仕事。それでええ具合にしてもらうんです。監督の給料は保護者が出すから、お金のない家は野球ができなくなったんです」

専門分野に特化した完全なエリート教育。プロに選手を送るのが目的のため、朝9時から夕方6時まで野球漬け。夜9時までやる学校もある。勉強はしない。そのため、ケガなどで野球ができなくなったときに使いようがなくなってしまう。これには国も困っており、以前よりは学業に関わる機会が増えたという。

「下手したら日本もそうなってくるんです。あれだけのチーム数があっても、勝つのは私学だけになってってね。公立高校は絶対に勝てん。ところが、アメリカとやったら勝てんとなったら、それは魅力ないですよ」

もう一つ、そういう指導を受けることの弊害がある。選手たちの行動が〝プロ化〟されることだ。迫田監督は日本代表を率いて73年、05年と二度韓国で試合をしたが、こんな光景を目にした。

「ボールが悪い言うて新球を審判に要求する。審判も包装の袋を破って渡すんですよ。それを許しとるんじゃけね」

15年のU—18W杯で韓国代表の試合を観たが、凡打で一塁ベースまで到達せず、途中でベンチに帰った選手が4人もいた。チーム全体に全力疾走の意識はまるでない。プロ野球の外国人選手のようだった。

だが、いつのまにか日本でも同じような光景を見るようになった。スターとしてマスコミに取り上げられる選手が、凡打で一塁ベースに到達もせずベンチに戻ることが増えた。それを指導者も怒ることができない。89年夏の甲子園では上宮の元木大介（元巨人）がピッチャーフライで一塁へ走らず（しかも投手が落球）、山上烈監督に大観衆の前で大目玉を食ったことがあったが、ダメなものはダメと言えない人が多くなった。

「甲子園でもボールを結構替えるじゃないですか。木島（一黄、甲子園元審判員）さんに『ボール余っとるね』と言ったら、『そんなことない。試合を早くするためにボールを出せということになってる。本当はもっと大事にしないといけないんです』と言うとりましたがね。私らの頃はボールを縫いながらやっとる野球。それがあんなぜいたくな野球しとってええんかなと思いますね。生徒がボール見て替えてくださいとかね。生意気なと思いますよ。ホント、プロ野球と同じですよね」

韓国の高校野球はプロに行かせるのが目的であるのに加え、選手の行動がプロのようになったことで、観客が入らなくなった。かつてはあったテレビ中継もなくなり、観客席には空席が目立つ状態。野球を観るならプロという雰囲気ができている。日本は夏の甲子園が連日満員になる人気だが、これにあぐらをかいて大事なことを見落としていると、韓国の二の舞になりかねない。

「高校野球がプロ野球と同じことをしちゃいけんのですよ。すればするほど魅力がなくなるんですよ。だってプロは力があるんですから。技術を持っとるんですから。それらと同じようなプレーをしようと思ったら魅力ないんですよ。高校生の魅力はヘタクソが一生懸命やること。感動を覚えるいうのは、うまい選手よりも下手な選手に対してじゃないですかね」

技術的にも、精神的にも未熟な選手たちが、最後まであきらめず必死になってプレーする。これが高校野球のよさなのだ。技術的には二流でも、一生懸命夢に向かって努力する姿は人々の心をとらえるもの。これとまったく同じようにして人気が生まれ、国民的スターになったのがAKB48だ。決してかわいい子がそろっているわけではない。歌がうまい子がそろっているわけではない。なのに、なぜ人気が出たのか。プロデュースした秋元康はこう言っていた。

「高校野球が人気なのは、技術的にはプロ野球より劣っていても、選手のひたむきさが多くの人の心を揺さぶる物語を作り出すからです。AKBのおもしろさは高校野球みたいなもので、テクニックよりも、内野安打でも全力で走る、ヘッドスライディングするしかないというところ。プロっぽくなったらダメなんです」

なぜ、人々が高校野球に熱狂するのか。AKBに熱狂するのか。甲子園に、握手会に足を運ぶのか。それは、下手でも頑張っている人を応援したいからだ。決してスマートでなくていい。多少不格好でも、必死の姿が人々の心を打つ。一生懸命はカッコいいのだ。豪快なホームランも、150キロの速球もあっていい。でも、それが一番ではない。甲子園のスタンドで見守る観客が求めているのは、最後まであきらめない姿。仲間のミスを助け合う思いやりのある姿。時代は変わっても、変わってはいけないものがある。

未来の高校野球のために、これから先の100年の高校野球のために――。

「高校生ですから、学校が主で野球が主じゃないですよね。学校でも他の部からも好かれて応援してもらえるようにならないといけない。私は学校の中で、野球は大きな力を持っとると思います。県大会でも全校応援でやるのはすごくええことじゃないですか。甲子園に行ったら応援も変わってきますよね。一つの思い出として何か違うものを感じる。何年かたっても『あのときバスで行ってしんどかったけど、おもしろかった』と言うてもらえるようにせにゃいけんのです。野球部が中心にならんと学校自体もようならんような気がします。それぐらい大きなものを持ってる。これが何年かたったらサッカーになるかもしれんけど、今はまだ野球だと思いますね」

必死に白球を追いかけ、泥だらけになって、全力でダイヤモンドを駆け抜ける高校球児たちの姿がいつまでも消えないこと。人々に愛される高校野球であり続けること。これが、筆者と迫田監督の願いです。

2018年3月20日

田尻賢誉

迫田穆成 甲子園監督成績

広島商業

昭和41年(1966)夏	1回戦	●	広島商	1対3	桐生(群馬)	この年はコーチ
昭和44年(1969)春	2回戦	○	広島商	12対0	首里(沖縄)	
	準々決勝	●	広島商	0対3	浪商(大阪)	
昭和45年(1970)夏	1回戦	○	広島商	7対4	秋田商(秋田)	
	2回戦	●	広島商	0対1	高松商(香川)	
昭和48年(1973)春	1回戦	○	広島商	3対0	静岡商(静岡)	
	2回戦	○	広島商	1対0	松江商(島根)	
	準々決勝	○	広島商	1対0	日大一(東京)	
	準決勝	○	広島商	2対1	作新学院(栃木)	
	決勝	●	広島商	1対3	横浜(神奈川)	延長11回、準優勝
昭和48年(1973)夏	1回戦	○	広島商	12対0	双葉(福岡)	
	2回戦	○	広島商	3対0	鳴門工(徳島)	
	3回戦	○	広島商	3対2	日田林工(大分)	
	準々決勝	○	広島商	7対2	高知商(高知)	
	準決勝	○	広島商	7対0	川越工(埼玉)	
	決勝	○	広島商	3対2	静岡(静岡)	優勝
昭和49年(1974)春	1回戦	○	広島商	2対0	苫小牧工(北海道)	
	2回戦	●	広島商	2対3	大分商(大分)	
昭和50年(1975)夏	2回戦	○	広島商	11対0	盛岡商(岩手)	
	3回戦	○	広島商	5対1	日南(宮崎)	
	準々決勝	○	広島商	3対0	中京商(岐阜)	
	準決勝	●	広島商	0対4	習志野(千葉)	

如水館

平成9年(1997)夏	1回戦	●	如水館	1対3	桐蔭学園(神奈川)	
平成10年(1998)夏	1回戦	△	如水館	6対6	専大北上(岩手)	7回裏二死降雨コールド引き分け再試合
		○	如水館	10対5	専大北上	
	2回戦	●	如水館	3対5	京都成章(京都)	
平成11年(1999)夏	1回戦	●	如水館	0対2	柏陵(千葉)	
平成13年(2001)夏	1回戦	○	如水館	8対4	金足農(秋田)	
	2回戦	●	如水館	3対4	東洋大姫路(兵庫)	
平成17年(2005)春	1回戦	○	如水館	5対4	東筑紫学園(福岡)	
		●	如水館	2対8	羽黒(山形)	
平成18年(2006)夏	2回戦	●	如水館	2対10	帝京(東東京)	
平成21年(2009)夏	1回戦	●	如水館	3対9	高知(高知)	
平成23年(2011)夏	1回戦	○	如水館	3対2	関商工(岐阜)	延長13回
	2回戦	○	如水館	7対4	東大阪大柏原(大阪)	延長10回
	3回戦	○	如水館	3対2	能代商(秋田)	延長12回
	準々決勝	●	如水館	3対8	関西(岡山)	

迫田守昭 甲子園監督成績

広島商業

平成14年(2002)春	1回戦	○	広島商	6対3	樟南(鹿児島)	
	2回戦	○	広島商	1対0	鵡川(北海道)	
	準々決勝	●	広島商	1対19	鳴門工(徳島)	
平成16年(2004)夏	1回戦	●	広島商	1対3	浦和学院(埼玉)	

広島新庄

平成26年(2014)春	1回戦	○	広島新庄	6対0	東海大三(長野)	
	2回戦	△	広島新庄	1対1	桐生第一(群馬)	延長15回引き分け再試合
		●	広島新庄	0対4	桐生第一	
平成27年(2015)夏	1回戦	○	広島新庄	4対2	霞ケ浦(茨城)	
	2回戦	●	広島新庄	6対7	早稲田実業(西東京)	
平成28年(2016)夏	1回戦	○	広島新庄	2対1	関東第一(東東京)	延長12回
	2回戦	○	広島新庄	7対1	富山第一(富山)	
	3回戦	●	広島新庄	0対2	木更津総合(千葉)	

迫田穆成監督率いる如水館ナインの甲子園初勝利。
1998年夏、専大北上との1回戦

迫田穆成

さこだ・よしあき／如水館高校監督。1939年7月3日、広島県生まれ。広島商で選手として1957年夏の甲子園優勝。66年にコーチ、67年から監督として広島商を指揮し、甲子園には73年春準優勝、夏優勝を含む7回出場。春に江川卓を擁する作新学院を破った試合は語り草。93年三原工高（翌年如水館に改名）監督就任。如水館でも春1回夏7回の甲子園出場を果たしている。

田尻賢誉

たじり・まさたか／スポーツジャーナリスト。1975年12月31日、神戸市生まれ。学習院大卒業後、ラジオ局勤務を経てスポーツジャーナリストに。高校野球の徹底した現場取材に定評がある。著書多数。講演活動も行っている。「甲子園に近づくメルマガ」を好評配信中。無料版はQRコードを読み取って空メールで購読可能、有料版はQRコードを読み取って登録を。

タジケンの無料メルマガは
こちらから

タジケンの有料メルマガは
こちらから

力《ちから》がなければ頭《あたま》を使《つか》え
広商《ひろしょう》野《や》球《きゅう》74の法則《ほうそく》

2018年 4 月20日　第1版第1刷発行
2018年 7 月 5 日　第1版第2刷発行

著　者　迫田《さこだ》穆成《よしあき》／田尻《たじり》賢誉《まさたか》

発行者　池田哲雄

発行所　株式会社ベースボール・マガジン社
〒103-8482 東京都中央区日本橋浜町2-61-9 TIE浜町ビル
電話 03-5643-3930（販売部）　03-5643-3885（出版部）
振替 00180-6-46620
http://www.bbm-japan.com/

印刷・製本　広研印刷株式会社

ISBN978-4-583-11146-9 C0075